书山有路勤为径，优质资源伴你行
注册世纪波学院会员，享精品图书增值服务

这么学习，GREAT！
——让知识产生复利的学习法

芭 蕉◎著

电子工业出版社
Publishing House of Electronics Industry
北京·BEIJING

未经许可，不得以任何方式复制或抄袭本书之部分或全部内容。
版权所有，侵权必究。

图书在版编目（CIP）数据

这么学习，GREAT！：让知识产生复利的学习法 / 芭蕉著. —北京：电子工业出版社，2021.4
ISBN 978-7-121-40755-0

Ⅰ．①这… Ⅱ．①芭… Ⅲ．①企业管理－职工培训 Ⅳ．① F272.921

中国版本图书馆 CIP 数据核字（2021）第 043618 号

责任编辑：吴亚芬
印　　刷：北京天宇星印刷厂
装　　订：北京天宇星印刷厂
出版发行：电子工业出版社
　　　　　北京市海淀区万寿路173信箱　邮编：100036
开　　本：880×1230　1/32　印张：6.25　字数：115千字　彩插：1
版　　次：2021年4月第1版
印　　次：2024年8月第3次印刷
定　　价：49.00元

凡所购买电子工业出版社图书有缺损问题，请向购买书店调换。若书店售缺，请与本社发行部联系，联系及邮购电话：（010）88254888，88258888。

质量投诉请发邮件至zlts@phei.com.cn，盗版侵权举报请发邮件至dbqq@phei.com.cn。

本书咨询联系方式：（010）88254199，sjb@phei.com.cn。

推荐序一

问渠那得清如许，为有源头活水来

我与芭蕉老师相识多年，私下我们都称芭蕉老师是"网红老师"。之所以这么叫，一来是因为她的课程在培伴App上点击率高；二来是因为她敏锐犀利、幽默风趣的授课风格具有一种天然的"吸粉"特质。在芭蕉老师的身上，还有一个非常鲜明的特质——超强学习力！她每次的文章、小画和课程，总是让人耳目一新。

当PPT授课还是普遍呈现形式时，芭蕉老师就在讲课时用手绘图替代了PPT，一系列Q萌、生动的小画虏获了很多铁杆粉丝；当很多企业还在组织传统面授课程时，她就在京东大力推广微课的学习形式了，她的"芭蕉老师说微课"系列课程当年是当之无愧的爆款；有她在的课堂现场，总是热梗不断，金句频出；不管何时见到她，她总是能量满满，激情四射……她始终保持着对行业新趋势、前沿新知识的快速捕捉和学习运用的活力与敏锐。我一直好奇芭蕉老师源源不断的创造性来自哪里？

今天，非常欣喜地看见芭蕉老师将她的学习和创新秘籍通过《这么学习，GREAT！——让知识产生复利的学习法》一书分享出来。GREAT是芭蕉老师基于本土大量的学习实践探索和提炼出的全新方法。GREAT深度学习法呈现了"新知识从最初获得到最终掌握"的全流程。更可贵的是，这套方法既适用于个体学习者独立学习新知识，也适用于团队集体学习或探讨课题；既可以为学习者所用，也可以供培训或HR部门借以设计学习项目……

GREAT深度学习法通过获取新知、反思联结、跨界交互、吸收重构、转化输出这5个步骤让学习者完成一次系统又深入的学习之旅。每个步骤的背后都或多或少有着一些经典学习理论的影子，又不完全相似。正如书中第6章中谈及的，前人的知识+自身特有的实践=独一无二的重构。GREAT就是芭蕉老师基于在互联网企业多年的学习和培训实践场景，从众多学习者身上总结并重构的学习方法。扎实的底层逻辑+丰富的实践场景+持续的迭代更新——这是我们企业培训行业最需要的！

| 推荐序一 |

　　芭蕉老师这本书除内容有深度、有洞见外，从形式上也保持了芭蕉老师一贯的特点，让读者读得轻松、学得容易。这本书的文风简洁、灵动，在跳跃的文字之外，全书有大量的插画，都是芭蕉老师亲自绘制。一幅幅插画，清新生动，平添了许多代入感，很有记忆点，堪称一图一故事。

　　希望这本书的出版，为广大的学习者带去一套高效的学习方法，也为从事企业培训工作的老师和HR部门带去全新的视角和启发。让GREAT深度学习法这朵浪花，激起奔涌不断的学习浪潮！

《培训》杂志总编 朱伟正

推荐序二

力学笃行　自出机杼

从在京东与芭蕉老师共事开始，就一直被她身上的创新精神和学习热忱所感染。

她的课程总是实用又接地气，学员全程都完全地投入和沉浸。从北京总部到各地的区域分公司，大家都争相邀请她讲课；她专注于推动建立京东自己的知识体系，她和她的团队帮助很多岗位绘制学习地图、开发岗位课程，建立内训师队伍；她也是最早在京东推广行动学习的人，很多次重要的管理会议，都是由她主持引导的。凡是她引导的会议，参与者总是能坦诚又深入地畅谈共识；她还能写会画，京东内刊的"娴话"专栏每期都有她的漫画短文，传递着京东人的精神和故事；直到现在她作为独立顾问，也一直奔走在不同的行业和企业中，和更多的职场人士分享学习的快乐。《这么学习，GREAT!——让知识产生复利的学习法》一书不但是芭蕉老师在专业领域的思考和沉淀，更是她在企业里多年实践的探索提炼。作为奋战在企业一线的培训工作者，芭蕉老师对组织学习有着独到的洞见和理解。

现代企业的学习场景和学习需求日渐多元化，这对组织和个人的学习能力都带来了更多的挑战。

1. 接纳变化

企业战略版图的裂变、企业规模的扩张、科学技术的创新……这些都要求组织有更强的自我调适和迭代能力，要求员工有更强的学习和应变能力。企业曾经以职能定义部门、以岗位定义员工，现在以客户需求来倒推组织流程、以工作任务倒逼员工能力。从组织到个体，都要时刻保持一种"弹性"，勇于接纳新要求，敢于颠覆既有的陈规，善于重塑自身的底层能力。

2. 快速学习

现在，一个新的商业构想从诞生到消亡往往就一两年，企业想要抓住市场机遇，就没有时间犹豫不决和反复论证。每个团队、每个员工都要快速学习新领域的知识，将新知识与企业自身的优势相结合，并且落地转化为具体的操作和实践。这需要去粗取精的聪明智慧，需要跨界联

| 推荐序二 |

结的高效策略,也需要大胆尝试的果敢决绝。

3. 内生智慧

伴随着中国整体国力的崛起,中国企业也迈入了全球各行业的前列。曾几何时,我们都还热衷于学习西方的管理方法,借鉴世界500强企业的经验。但今天,我们已经有包括京东、华为、阿里在内的诸多企业跻身于世界500强之列,成为中国乃至世界的行业翘楚。谁能教我们怎么做得更好?唯有立足企业自身的场景和实践,萃取提炼优秀方法经验,将其复制和传播。

芭蕉的GREAT深度学习法正是这样一种方法。Get(获取新知)、Reflect(反思联结)、Exchange(跨界交互)、Assimilate(吸收重构)、Transform(转化输出)这5个学习步骤不但揭示了一条高效学习的路径,同时也倡导了一种学习态度——**力学笃行,自出机杼**。应对变化的最好方法就是快速学习,将书本知识与自身的实际联结、将自己的认知与他人的认知交互碰撞、将外界的知识通过内在的实践融会贯通、将自身独到的经验与既有知识重构结晶、输出转化。今天的中国企业和职业人,有这份自信和底气!

希望《这么学习,GREAT!——让知识产生复利的学习法》这本书可以为更多的企业和组织带去启迪,使之实践和创造出更多的中国组织智慧。

京东智能产业发展事业部总裁　胡　伟

前　言

　　我正式动笔写本书的时候，刚好是2020年的高考放榜季。网络和各大媒体又被各地的高考分数线和状元们的新闻霸屏[1]。除寒门贵子、人穷志不短的励志故事外，最为大家津津乐道的就是学霸们的学习心得。可令人"失望"的是，每每问这些状元们为什么能取得成功的时候，他们的回答并不能给满怀期待的家长们带来什么惊喜。因为他们的学习秘诀里既没有秉烛夜读的坚韧，也没有背书刷题的刻苦，甚至连老师们都说这个孩子平常无奇，并没有天赋异禀（当然肯定不笨）……本想拿学霸们的励志故事去教

1　为了真实呈现互联网语境下的语言表达习惯，书中的部分词汇，特别是在新媒体中常用的各种形象化词汇，本书尽可能"原汁原叶"地保留约定俗成的术语，文中不再赘述。——编辑注

| 这么学习，GREAT! |

育孩子的家长们听到最多的一句话就是——**学霸们没有什么特别之处，只是学习方法得当！**

"高考状元"文化盛行的背后，其实是中国式家长的焦虑与不安。很多家庭，从孩子刚刚会说话开始就报班，如早教班、英语班、琴棋书画兴趣班……久而久之，大家就会看到一种现象：小学的知识幼儿园就学，五年级的知识二年级就学，初中的知识小学搞定，甚至小娃娃们都开始学编程和人工智能了……家长们都抱定"**抢跑**"的信念——提前学，抢占先发优势，不能让孩子输在起跑线上！

芭蕉我也是一个10岁孩子的妈妈，纵然再有定力，偶尔也会被这种抢跑式学习的焦虑乱了心绪。然而，在抢跑式学习的思维模式背后，我们可以看到很多弊端。时不时会有一些孩子因为学习压力变得抑郁、自闭，甚至做出跳楼等极端行为。还有些学生在进入大学后就开始报复式地打游戏、旷课，试图弥补多年来因为学习而错失娱乐的遗憾。每每这时我都会问自己："学习于我们而言到底意味着什么？"

在我读高中的时候，60多岁的班主任有天开班会跟我们说："早晚上床，一起天亮。不要太急，反正都是同时到终点。"要知道，我们可是传说中的"江苏考生"，在那么残酷的高考环境下，班主任竟然跟我们说那么"佛

| 前　言 |

系"的话。现在回想起来,这个"老头儿"真是有大智慧。99%的孩子都是在12年后进入大学的,既然都是同时抵达,为什么不让一路的风景和体验更美好呢?**与其抢跑学习的重点和深度,不如抢跑学习的效率和广度!**

在20年的企业培训和职业教育生涯中,芭蕉发现了两个有意思的现象。第一,**一路抢跑的学子们,在步入大学或职场以后,学涯反而止步了。**在步入职场后,绝大部分人的学习生涯就基本宣告结束,他们此后只工作不学习,或者说不再主动和专门地学习。第二,我们从小到大的学习,并没有为成年以后的人生沉淀下有意识的学习方法。

我曾问及很多职场人士:"你是如何学习的?"一种人给出零散的回复。例如,好记性不如烂笔头、多总结规律、举一反三、巧记巧背、多跟别人交流、实践出真知……这些都对,但都没有总结系统的方法。另一种人直接回复:"就这么学呗,看看书、听听课,关键是哪有时间学习啊!工作和生活的事情都忙不完。"有意思的是,上述两种现象就发生在抱有"抢跑式学习"观念的焦虑的家长自己身上。

以上这些现象,促使我最终决定通过此书为大家分享GREAT深度学习法。我想与所有的伙伴共勉——学习是终身的修行,与其快速抵达终点,不如始终与高效的学习方法相伴（我将它称为"学习的算法"）。同样的知识摆在我们的面前，学习算法不同，学习的结果也大相径庭。在我们的工作、生活乃至社交的任何场合中，一旦遇到新的信息和知识，我们就可以立刻触发这套算法机制，使每个学习步骤都在前一个步骤的基础上产生学习的复利效应，层层叠加。

GREAT深度学习法就是可以立刻触发上述这套算法机制的一套方法，这套方法既适用于普通学习者的个体学习，又适用于企业和组织开展团队学习；既适用于成年人，也适用于孩子。它简单、易复制，可以打破个体学习的习惯局限，跨越团队学习的差异壁垒。作为一个狂热的学习者，芭蕉对这套方法亲测好用；作为服务了很多企业的培训师，我也见证了这套方法给很多团队带去的学习快乐和成效。

在你阅读本书前，我想说以下几点。

关于内容：前两章会为大家解密一些学习的底层原理和奥秘，这是GREAT深度学习法背后的力量，会让你更清楚人是如何学习的；随后，我会向大家逐一解析关于GREAT深度学习法的Get（获取新知）、Reflect（反思联结）、Exchange（跨界交互）、Assimilate（吸收重构）、Transform（转化输出）这5个学习步骤；最后我会分享这

前　言

套方法在日常的读书、团队学习、学习项目设计等多个场景中的应用，并配有具体的实例。

关于形式： 除文字叙述外，为了方便大家更直观地理解，本书还配有很多芭蕉手绘的插图。此外，本书的最后还有一个提炼了全书重点内容的手绘导图。希望这种图文并茂的形式可以充分激发你的左右脑，让你愉快地阅读下去。我极力建议你一边读一边在书上涂鸦、画圈、画杠等，不用太爱惜书本身。可别说你不会画，谁的小学课本上还没画过几个小人呢？

关于过程： 本书每章的最后都有总结（"敲黑板"）和练习（"想一想"）部分，强烈建议你将它作为阅读的一部分，参与进来，写一写、想一想。用GREAT深度学习法学习GREAT深度学习法，效果绝对GREAT！

现在，拿起一支笔，开启你的阅读旅程。不带任何想象、预设、评判，甚至期待，尽管去读吧……

目 录

第1章
学习，是治愈焦虑的良药　/ 001

吾生也有涯，而知也无涯。

面对未知的变化，唯有持续学习，才能为我们恒定且可持续的能力加持！通过学习，可以持续更新自己的"CPU"，保证当下的自己是"最新版本"。拥有卓越的学习力，就犹如坐上了电梯，在前进的道路上自带加速度。不管变化是什么、在哪里、何时发生，只管接住它，学习就是了，改变就是了！

没做错什么，却输了　/ 002

站在变化中，用学习力加速　/ 006

第2章

GREAT深度学习法让知识产生复利　/ 013

博学之，审问之，慎思之，明辨之，笃行之。

学习方法应该优先于知识本身先被学习。一套有意识进行的、系统的、稳定的学习方法，好比一套精密的算法，它可以减小因为学习者之间的学习风格迥异、学习形式不同、学习步骤凌乱等因素带来的习得效果差异。GREAT深度学习法通过5步形成了一个完整的学习循环，每个步骤都在前一步的基础上深化对知识的理解和掌握，逐层叠加效果，形成知识复利。

我们需要一套精密的学习算法　　/ 014

4种学习风格，你PICK哪款　　/ 017

别管风格了，启动GREAT学习算法　　/ 021

| 目 录 |

第3章
GET——获取新知 / 027

书到用时方恨少。

知识储备的数量是知识复利的本金，坚持"有用的无用"和"刻意的无意"有助于本金的积累。看似无用的知识有可能激发有用的知识；与其刻意安排有用的内容，不如规划好学习的路径和时间，任由一些知识无意地飘进来。

获取知识本金　　／028

有用的无用　刻意的无意　　／031

记录知识的两种方法　　／040

知识拓展：视觉卡片　　／047

第4章
REFLECT——反思联结 / 051

学而不思则罔，思而不学则殆。

让新知识与自己的实践联结起来，是第一层复利。这个产生复利的学习动作，就是反思联结。在这个过程中，我们应该持有一种动态学习观——允许自己当下笃信且践行的一切明天被彻底推翻。暂停批判和拥抱差异的信念有助于我们保持开放的心态，从而更好地回顾、反思和联结。

联结新知识与自己的实践产生复利　／052

暂停评判　拥抱差异　／054

反思联结的3种方法　／058

知识拓展：KWL学习反思记录表　／070

| 目 录 |

第5章
EXCHANGE——跨界交互　/ 075

三人行，必有我师焉。

学习，不是一个人的冥思苦想。让不同视角和领域的知识交互，是知识学习的第二层复利。跨人际的交互可以打破个人经验视角的局限，跨学科的交互既能开发大脑，又能汲取整合多领域知识的精髓。你的认知+我的认知=新的认知；A知识+B知识=C知识。

让知识产生跨界复利　　/ 076

跨越人际　跨越知界　　/ 078

激发跨界交互的3种方法　　/ 085

知识拓展：ORID焦点讨论法　　/ 093

第6章

ASSIMILATE——吸收重构　/ 097

致知在格物，物格而后知至。

吸收重构是让新知与已知产生复利的过程，它不是简单的知行合一，而是"知—行—再知"。从知到行，需要的不仅仅是足够多的书面知识，更需要勇于实践的信念。在实践中，你要融入独一无二的场景，将不同的知识融会贯通，纳新结晶。

让知识之间发生结晶的复利　/ 098

勇于实践　纳新结晶　/ 101

吸收重构的两种方法　/ 107

知识拓展：焦点法　/ 116

| 目 录 |

第7章
TRANSFORM——转化输出　/ 121

学，然后知不足；教，然后知困。

　　转化输出，是将知识从自己知道到让他人知道的复利过程。学习者通过自我梳理和澄清，将隐性的知识经验提炼成显性的公式套路进行分享，在分享的同时借助外界反馈来修正和强化自己的所学。转授他人是学习的最高境界，所以，是高手，就大声说出来！

　　通过己知使他知产生复利　　/ 122

　　提炼套路　昭告天下　　/ 126

　　转化输出的4种方法　　/ 129

　　知识拓展：4类常用的结构模型　　/ 138

第8章

GREAT在多种场景下的应用 / 143

知之者不如好之者，好之者不如乐之者。

GREAT是一套学习流程，层层递进地解读知识，逐层叠加复利效应。GREAT也是一种学习观，它关注学习的内容和成果，关注学习者的情绪和体验，关注学习的过程和方式。这套学习法在个人学习、集体学习、团队共创和学习项目的设计中都可以被应用，从而提升学习的质量。

场景1　个体学习者读书学习　/ 144

场景2　集体读一本书　/ 148

场景3　团队召开一次共创会　/ 155

场景4　培训部门设计学习项目　/ 160

| 目 录 |

结束语

成为GREAT的终身学习者 / 164

参考文献 / 168

第 1 章
学习，是治愈焦虑的良药

吾生也有涯，而知也无涯。

面对未知的变化，唯有持续学习，才能为我们恒定且可持续的能力加持！通过学习，可以持续更新自己的"CPU"，保证当下的自己是"最新版本"。拥有卓越的学习力，就犹如坐上了电梯，在前进的道路上自带加速度。不管变化是什么、在哪里、何时发生，只管接住它，学习就是了，改变就是了！

| 这么学习，GREAT！ |

没做错什么，却输了

2014年4月25日，微软宣布对诺基亚的收购正式完成。次日一早，诺基亚位于芬兰的总部大楼便正式换上了"Microsoft"标志。电信时代的巨头，就这么轰然倒下了。一时间，有人伤感，怀念自己的第一部手机；有人冷眼旁观，说早就预见了诺基亚的衰败；还有很多专家教授开始研究巨头衰败背后的原因……结论最终都指向这些点——一味地在旧系统上故步自封，缺乏创新能力，对新技术的涌现不够敏感，不积极拥抱变革等。然而，在这个故事中，最触动人心的还是诺基亚时任CEO说的那句话。

> "我们并没有做错什么，但不知为什么，我们输了。"
> ——诺基亚时任CEO，约玛·奥利拉

诺基亚的故事不过是众多因为缺乏主动变革能力而被

| 第1章　学习，是治愈焦虑的良药 |

淘汰的故事之一，可是奥利拉的这句话让我久久难以释然。职场中的我们，亦如诺基亚一样，不畏惧激烈的竞争，却害怕无声无息地"被输掉"。我也曾很担心自己有一天变成"诺基亚"那样，傻傻地努力，却默默地被淘汰，而且全程浑然不觉，直到被裁判出示红牌而下场才恍然大悟。毕竟，作为一个在互联网行业工作的"70后"，我的年龄毫无优势。我曾经很认真地对比我还小几岁的上司说："如果有一天你们发现我落伍了，跟不上变化了，不要怕伤害我，一定要第一时间告诉我，别让我成为最后一个知道的人。"

> "你什么也没有做错，你只是老了。"
> ——腾讯创始人，马化腾

"焦虑" 是这个时代无法回避的关键词。大龄单身找对象、年轻人找工作、结婚买房子、生完孩子拼辅导班，好不容易都"过河"了，"35岁"的职场大龄魔咒又来了……我们的身边总是笼罩着一种"来不及"的气氛。我一直非常抵触那些贩卖焦虑的鸡汤文，不是"砖家"们的哗众取宠，就是无良商家的营销套路。但回归现

| 这么学习，GREAT! |

实，我们的身边确实总是有这样的焦虑故事。

　　秦奋，男，85后，"985"院校硕士毕业，计算机专业。毕业后再三斟酌，为了解决户口，进入了一家有事业单位性质的金融企业，从事IT系统的相关工作。他当时内心的盘算是先拿到户口再说，工作有意思就接着干，没意思就交点违约金再重新出来。在工作的前6年里，他并没有偷懒。作为高学历人才，他是部门里的技术扛把子，被委以重任。单位里的工作他都认真完成，也会经常根据工作需要去学习充电，如单位里资讯有限，他就找一些在商业银行、互联网行业或者在国外工作的大学同学交流。平时他不太热爱单位的社交和应酬，面子上过得去就行。这样的他，偶尔还被单位里的老人们奚落说"书呆子气"。

　　6年后，户口解封，他不顾家人的反对开始找工作，目标对准了最热门的互联网金融领域，但是面试屡屡碰壁，被拒的理由基本都是：之前的工作业务场景太简单，经验不够；维护性工作偏多，开发性工作偏少；对于互联网行业的工作节奏，从事业单位出来的人怕是适应不了；30出头了，到了我们这里职级匹配不了太高，35岁前的

第1章 学习,是治愈焦虑的良药

潜力有待观望……

为这一刻准备了6年的秦奋,就这样没了机会。身边的人都劝他不要折腾:眼下这份工作多好啊,一签就是20年合同,有户口,又稳定,待遇虽然不及外面高,但是不用加班啊……

以上这个故事的结局是:秦奋还是辞职了,交了一笔不菲的违约金——将工作6年的积蓄全部拿了出来。秦奋仔细回想了这几年,得出了结论:**"虽然我跑得不慢,但我是坐在汽车上追飞机。"** 他不怕辛苦,不怕竞争,不怕改变,他最怕的是"浑然不觉地被输掉"。

相信很多人都有着跟秦奋类似的经历,明明一直很努力地工作，持续创造绩效，也没有明显的懈怠和失误，为什么慢慢地跟不上时代的变化和发展了？到底我们要如何跟得上时代的变化和发展，保持可持续的竞争力？

站在变化中，用学习力加速

> "你必须不停地奔跑，才能留在原地。"
> ——《爱丽丝梦游仙境》中的红皇后

当今社会的各种新科技、新发明、新应用、新模式层出不穷，这些变革的速度和力量都越来越明显地被我们感受到。2020年全球爆发的新冠肺炎疫情更是让无数的企业、家庭和个体受到了冲击。我们发现，2019年最后一天的踌躇满志，到了2020年竟然毫无用武之地。很多人在突如其来的变化前，彻底宕机，束手无策。如果说以前变化是生活的一部分，那么在2020年，可以说，变化就是生活本身了，而且所有的人都被裹挟其中。我们尽最大的努力去调适和应对，但大部分的情况是，当我们感受到变化想

| 第1章　学习，是治愈焦虑的良药 |

改变时，其实已经晚了。

作为有着20年从业经历的HR，我想从企业对人才评价标准的变化上来为大家做个另类解读。曾经，企业招聘和甄选人才的能力项大都是**沟通、执行、协作**等；而现在，企业招聘和甄选人才的能力项更多的是**洞察、整合、变革**等。一个明显的趋势是，从关注人才的**确定性能力**变成了关注人才的**调适性能力**。也就是说，一个人能应对现状还不是最重要的，最重要的是他总是能够**敏锐地捕捉变化并掌控它**。此刻，你可能更加焦虑了：**不停地奔跑，才能留在原地，那我如何才能越过原地，超越别人呢？**

任臻，女，85后，"211"院校硕士毕业，人力资源专业。她的故事就像秦奋的续集，她也是在拿到户口后跳槽到了互联网企业，从一个不算太高的职级做起。她真的很优秀，从入职第一年开始，优秀新人、优秀个人、优秀伙伴等奖项的名单中都有她的名字。同事笑称她是"小马达"，心中只有工作，从来听不到她喊"肚子饿""好累啊"。

3年后，任臻怀孕了，可从她身上完全看不到孕

| 这么学习，GREAT! |

妇的状态，她依然像以前那样努力地工作。但是，她的焦虑在休产假期间一下子爆发了。她害怕自己被淘汰，觉得自己没有什么一技之长，觉得自己没有不可或缺的竞争力……我知道她这种想法八成和产妇的激素变化有关。但是，经过几次沟通，我们共识了一项行动——学习吧！把此前一直没有时间看的书拿出来，把收藏了很久的网课也翻出来，一天学一点。我们甚至约定，要把她每天的学习笔记都发给我。过了两年，她又生了二胎，焦虑再次爆发，然后我们又共识——学习吧！

现在，任臻已经做好了再次回归职场的准备，并且信心满满。她说："治愈焦虑的最好良药，就是学习！每翻

第1章 学习,是治愈焦虑的良药

一页书,记下一个新的知识点,我的内心都增加了一份力量。我不能阻止变化的发生,但我可以掌控自己应对变化的态度。"

暂停"焦虑"这个话题,我们来换个场景思考。你有过在机场赶飞机的经历吗?如果不着急,你就会推着行李箱边溜达边逛逛两边的店铺。如果着急,你就会直奔直行电梯,甚至在直行电梯上快步行走。

学习力=加速度

与其在外围傻傻追,
不如直接踏上快速路

在"不停地奔跑,还留在原地"的思维中,**你和变化是分割的,是两条平行线**,此时的你,犹如在机场直行电梯旁边行走一样。与其置身事外,看着变化从身边

| 这么学习，GREAT! |

经过，为什么不和变化一起前进呢？就像踏上直行电梯一样，你可以踏上变化之路，自带加速度。

2019年，美团CEO王兴7年前发的一条微博在网上再次广为流传。这条微博谈及一次会议后，大家想用Visio做会议纪要，王兴问负责记录的年轻同事："会用Visio吗？"她毫不犹豫地说："我可以学。""我可以学"这四个字，充满了无穷的力量。

2020年五四青年节前夕，B站（哔哩哔哩）上的一段演讲《后浪》大热。奇怪的是，爆转和热议的人群不是95后这些"后浪"，而是60后、70后甚至80后这些"前浪"。"前浪"们终于放下了傲娇和矜持，对"后浪"竖起了大拇指，甚至表示嫉妒。当然，他们绝不是嫉妒"后浪"们脸上的胶原蛋白和旺盛的精力，而是嫉妒"后浪"们的探索、创新和学习能力。自嘲为"社畜"的60后、70后、80后甚至90后们可以试问自己，自己是不是总有勇气在任何新问题面前都能够坚定地喊出："我——可——以——学！"

面对未知的变化，唯有持续学习，才能为我们恒定且可持续的能力加持！通过学习，可以持续更新自己的"CPU"，保证当下的自己是"最新版本"。拥有卓越的学习力，就犹如坐上了电梯，在前进的道路上自带加速度。不管变化是什么、在哪里、何时发生，只管接住它，学习就是了，改变就是了！

敲黑板

☆ 如果不能持续地更新自己，即使没有做错什么，也可能"被输掉"。

☆ 大部分的焦虑都源自对"跟不上变化"的惶恐。

☆ 不应该与变化处于两条平行线而一味追赶，而应该站在变化上，与变化一起飞驰加速。

☆ 学习能让我们自带加速度，保持更新和升级能力，迎战随时发生的变化。

| 这么学习，GREAT! |

想一想 回忆你最近半年学习的新知识，包括看的一本书、听的一堂课、与他人的一次交流等。

_____

_____

_____

_____

_____

第 2 章
GREAT 深度学习法让知识产生复利

博学之，审问之，慎思之，明辨之，笃行之。

> 学习方法应该优先于知识本身先被学习。一套有意识进行的、系统的、稳定的学习方法，好比一套精密的算法，它可以减小因为学习者之间的学习风格迥异、学习形式不同、学习步骤凌乱等因素带来的习得效果差异。GREAT深度学习法通过5步形成了一个完整的学习循环，每个步骤都在前一步的基础上深化对知识的理解和掌握，逐层叠加效果，形成知识复利。

| 这么学习，GREAT！|

我们需要一套精密的学习算法

> 算法（Algorithm）是指对解题方案的准确而完整的描述，是一系列解决问题的清晰指令。算法代表着用系统的方法描述解决问题的策略机制。

"你是如何学习的？"如果此刻正捧着本书准备了解关于学习方法的你被问到这个问题，你会如何回答？我曾多次问过身边的伙伴这个问题。他们中有刚从"211""985"名校毕业的大学生，有在世界500强企业工作的资深职场精英，有资深的专业人士，有带领团队的领导者……有意思的是，大部分人在听到这个问题后的第一反应都是："嗯……什么是如何学习？你指的是什么？"

好吧，那我换个问法："你觉得对你而言，比较高效的学习方法有哪些？"这下是不是好回答多了？我得到的

第2章　GREAT深度学习法让知识产生复利

答案大致有：看书、做笔记、画重点、实践、跟别人探讨、总结反思、先想后做、干中学学中干、保持好奇心、跨界交流、长期专注……如果再去网上搜一搜，听一些学习方法的课程，还会得到更多的答案。可是，这么多的答案里，哪些是专属于你的独门妙计？

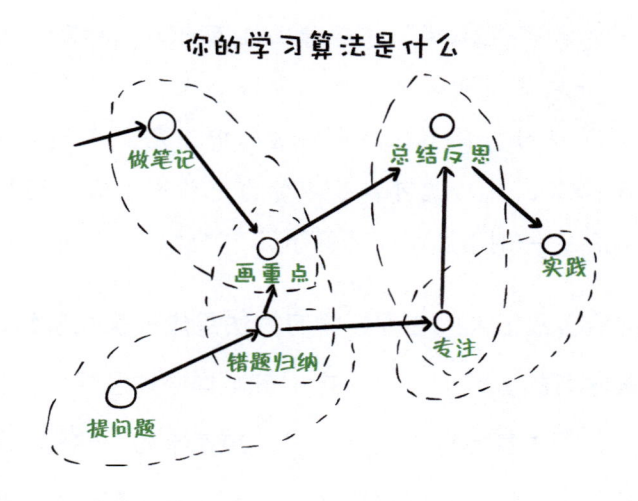

你的学习算法是什么

（图示：做笔记 → 画重点 → 总结反思 → 实践；提问题 → 错题归纳 → 专注）

在2020年新冠肺炎疫情期间，我有了很多的时间成为女儿的贴身伴读，因为上半年的整整一学期她都在家里上课。我第一次近距离了解了小学老师们是如何教学的。我惊讶地发现，在成年人看来很简单的知识，小学老师们却教得很不简单。以下分享我女儿背古诗的例子：

| 这么学习，GREAT！ |

语文老师要求孩子背古诗。按照我们大人的理解，背诗就是一字一句地硬背。可老师说，学习古诗有个方法——**知诗人、解诗题、读诗文、明诗意、入诗境、悟诗情**。咦，怎么没有"背诗文"这个动作？而且更有意思的是，老师会让孩子们画画，把诗中的意思画出来。这可正中我女儿的下怀，她是一个非常爱画画的孩子。她兴致勃勃地把"黄四娘家花满蹊""轻舟已过万重山"都画了出来，一度让我觉得她画画比背诗还投入。结果当然是效果很好，孩子在画画的过程中，充分体会了古诗的含义，然后就可以毫不费力地背出全文，还摇头晃脑，一副甚是享受的样子。

这给了我很大的启发，**学习方法是应该优先于知识本身先去学习的**。我们从小就应拥有这样一种思想——学习方法比知识本身更重要。想一想，20多年后，你会如何描述自己的学习方法？**面对新知识，你从不会到完全掌握，需要经过哪几个步骤？你的学习算法是如何运行的？** 你是有意识地运用学习策略，还是无意识地自由发挥？**我们需要一套有意识进行的、系统的、稳定的、持续的学习方法，好比一套精密的算法。**

| 第2章　GREAT深度学习法让知识产生复利 |

4种学习风格，你PICK哪款

在探索学习方法前，我们先了解一下自己的学习风格。人和人的学习风格和偏好，其实相差很大。

一次，我参加了一个为期8天的面授课程，英文教学，中文同步翻译。同学们和我一样，都是咨询顾问、培训师、管理教练，可以说是一群专门教别人学习的人。就是这样一群深谙学习之道的人，依然在学习方式上风格迥异。我仔细观察了下，大家的学习风格可以分为4种。

第1种　"笔记侠"：他们会在本子上记满密密麻麻的笔记，不但把英文翻译成中文，甚至把老师说的英文原话都能记下来。

第2种　聆听者：他们会把双手交叠在胸前，保持类似"葛优躺"的坐姿，全程只听，甚至我怀疑他们一度要睡着了，当然，他们的本子上几乎没有什么记录。

第3种 "发言帝"：这种同学的特点就是特别爱发言，爱参与互动。老师的所有互动邀请，他们总是第一个跳起来参与。他们看起来一听就懂，一做就会，全程高能。

第4种 中间派：我就是这种类型。这种同学把精力分成两部分，听和记各占一半，只记录重点内容。如果时间来不及，宁可不记录，也要先听。然后课后去找"笔记侠"类型的同学抄笔记。

以上这4种人的背后，恰好体现了不同的学习风格的特点。在教育界，有一个很经典的所罗门学习风格测评，它从4个维度很好地归纳了不同学习者的特点。

活跃型与沉思型

活跃型学习者：倾向于积极地参与讨论、应用或解释给别人听。如果学完之后，不让他们做点什么，那对他们来说真是一种折磨。

沉思型学习者：倾向于安静地思考问题。千万不要在

第2章　GREAT深度学习法让知识产生复利

他们还没有想好前打扰他们，否则他们会生气。

感悟型与直觉型

感悟型学习者：更擅长学习事实，真实的案例、故事、数据才能打动他们。他们不喜欢也不太相信抽象的概念，而且他们很擅长记忆事实和细节。

直觉型学习者：更擅长理解概念和抽象的公式，富有创新性和灵感。

视觉型与言语型

视觉型学习者：对图片、图表和影片等内容更敏感，喜欢写写画画，更喜欢有画面感的学习方式。

言语型学习者：更擅长从文字和口头的解释中获取信息，看书读报可是他们的强项。

序列型与综合型

序列型学习者：习惯按线性步骤理解问题，倾向于按部就班地寻找答案。做逻辑推理题对他们来说不在话下，但面对不同主题的跳跃学习，他们就显得有点不适应。

综合型学习者： 习惯于大模块的学习，可以同时吸收多个主题，但是对细节就很模糊，有时候你会觉得他们总是一知半解。

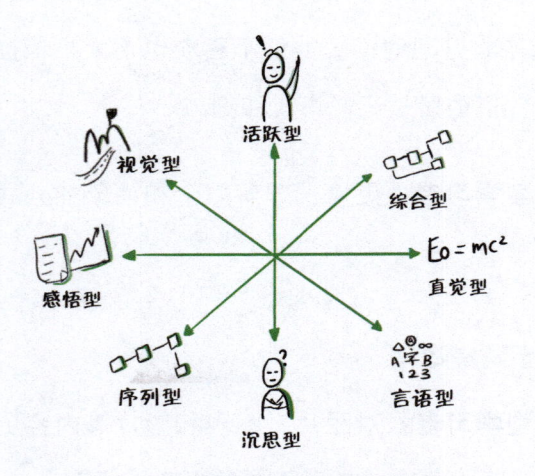

4种学习风格

如果有兴趣，你可以找找类似的测评问卷，测测自己的学习风格。但我相信，你一定希望自己是个全能型的学习者：**最好既善于独立思考，又善于跟他人互动；既对事实敏感，又能吸收抽象概念；既能读枯燥的文字，又能捕捉感性的画面语言；既能逻辑推理，又能跨越多元。**

| 第2章　GREAT深度学习法让知识产生复利 |

别管风格了，启动 GREAT 学习算法

希望终究只是希望。我们每个人都有着天然的学习倾向，难以改变，也不需要改变，因为每种风格都有自己的优势和弊端。但是，作为一个长期在成人培训和学习领域工作的培训从业者，我必须把因为个人学习风格不同而带来的学习效果差异最小化。我必须找到一套学习公式，让所有的学习者都能最大限度地习得知识，特别是在企业里，员工的学习通常不是简单的个人行为，他还要满足组织的期待和工作胜任要求。GREAT深度学习法就是在这样的期望中诞生的，**它让不同的学习风格、学习方式、学习步骤和学习因素彼此关联加强，逐步叠加影响，产生知识的复利。**

GREAT深度学习法的背后，有我20年的工作体验，也有被互联网节奏逼出来的"**没办法的办法**"，更有库伯、加涅、戴夫·迈耶等教育学家研究总结的智慧和经验。GREAT学习方法既适用于个人，也适用于团队，还适用于学习过程的设计策划。

第 1 步　Get——获取新知

我们的学习首先是从汲取新知识开始的,基础知识的储备数量是产生知识复利的前提,是我们的知识本金。在这个环节,学习者要克服个人选择知识的局限和偏好,去广泛汲取一些**有用的无用知识**,安排一些**刻意的无意时刻**。

第 2 步　Reflect——反思联结

在储备了很多知识本金后,只有尽快让新知识与自己的实际联结起来,才有可能使其为你所用。在这个过程中,请把你脑子里叫嚣着"这不对,跟我以前知道的不同,是错的"的小魔鬼赶走,让我们**暂停评判,拥抱新知与已知的差异**。

第 3 步　Exchange——跨界交互

学习可不是一个人的战斗,高效的学习也要跨界。与**不同圈层的人交流碰撞,与不同领域的知识交互融汇**,会让你对知识领悟得更全面、更深刻。

| 第2章　GREAT深度学习法让知识产生复利 |

第 4 步　Assimilate——吸收重构

当完成前3步之后，可以说，你对新知识已经充分地理解了。接下来，你要**勇于实践**，将知识内化吸收，同时要从**知**到**行**到**再知**，再融入自己的感悟理解，让知识重新**纳新结晶**。

第 5 步　Transform——转化输出

在吸收重构后，新知识基本在你这里形成了一个学习闭环，普通的学习者大都止步于此了。但是卓越的学习者一定要进入最后一个阶段，那就是**提炼套路**，将隐性的知识显性化，**赋能他人**。当能够将所学的知识教给别人时，你才是真正地学会了。

获取新知—反思联结—跨界交互—吸收重构—转化输出，这5步形成了一个完整的学习循环。每个步骤都在前一步的基础上深化对知识的理解和掌握，逐层叠加效果，形成知识复利。

GREAT深度学习法

Transform 转化输出
Assimilate 吸收重构
Exchange 跨界交互
Reflect 反思联结
Get 获取新知

敲黑板

☆ 我们需要一套有意识进行的、系统的、持续的学习方法，好比一套精密的算法。

☆ 每个学习者都有自己天然的学习倾向和风格，因此出现了个体学习能力和擅长领域的差异。

☆ GREAT 深度学习法可以减小因为学习风格的不同而带来的效果差异，最大限度地帮助学习者深度、高效地学习。

☆ GREAT 即 Get——获取新知；Reflect——反思联结；Exchange——跨界交互；Assimilate——吸收重构；Transform——转化输出。

第2章 GREAT深度学习法让知识产生复利

想一想

☆ 在4种学习风格中,你更倾向于哪种?
☆ 你平时是如何学习的?与 GREAT 的步骤有什么相似或不同之处?

| 第 3 章 |

GET——获取新知

书到用时方恨少。

> 知识储备的数量是知识复利的本金,坚持"有用的无用"和"刻意的无意"有助于本金的积累。看似无用的知识有可能激发有用的知识;与其刻意安排有用的内容,不如规划好学习的路径和时间,任由一些知识无意地飘进来。

获取知识本金

我们的学习首先是从汲取新知识开始的,基础知识的储备数量是产生知识复利的前提。就像你存入银行里的本金,本金越多,理财收益才越大。而且,我们都知道,1万元的本金,理财收益可能是3%~5%;但如果本金积累到100万元,那理财收益就有可能是5%~10%。**知识储备也是如此,储备的知识量越大,知识联结和产生复利的机会就越大。**

遗憾的是,在这一步,不同的学习者之间表现出了很大的差异。即使处于同一个圈层的人,学习、工作、生活的环境基本类似,他们的基础知识储备量也是不同的。你一定在生活和工作中见过这样的人:他们博闻强识,不管是天文地理、哲学经济还是科技新趋势,甚至娱乐圈的八卦,他们似乎都略懂一二,就像一部移动小百科。这样的

第3章　GET——获取新知

人在社交中会不自觉地成为焦点，大家都愿意和他们聊天，每次与他们交互都既有趣又有营养。更令人服气的是，这样的人往往在事业和学业上的表现也很好，拥有更强的学习、领会和贯通能力。"好看的皮囊千篇一律，有趣的灵魂万里挑一"，说的就是他们。这样的"牛人"在名人圈更是数不胜数，达·芬奇就是这样一位传奇人物。除了是画家，他还是天文学家、发明家、建筑师。这种人好像掌握了解锁知识的密码，一通百通。

但同样，我也曾接触过这么一位朋友，暂且称呼他为严晋。

严晋在工作中高度自律，认真又严谨。上班时间，他总是一脸严肃地忙碌，不苟言笑。我们偶尔在茶歇室里闲聊，或者在网站上乱逛，都被他视为不务正业。他还抵制微信、微博、抖音等App，认为这些平台会让他消耗太多的无谓精力和时间，必须严格控制。因此，他主动屏蔽了这些平台，给自己设了一个限制——一周只登录一次微信等App。

短期内，他的确是在工作中更高效、更投入了。但是时间长了，问题就来了：他成了社交圈中最无

| 这么学习，GREAT! |

趣的那个人，用一句话形容，就是典型的"话题终结者"。同事们一起聊天，轮到他那里，一句话就可以把天聊死。因为他的知识领域太窄了，我们感兴趣的他都不知道，他自己也没什么感兴趣的。甚至有人某天发朋友圈说孩子病了，他过了半个月才跑来关心地问："孩子病好了吗？"

严晋的问题不仅仅体现在社交上，在工作上也日显后劲不足。狭窄的关注圈、拘谨的思维模式让他的认知体系很难有所突破，在一些新的问题面前，他鲜有高见和创意。

渐渐地，他在职场中的竞争力降低了，年终人才盘点时，HR部门对他的"学习敏锐度"打了一个很大的问号。

执拗于"有用"的误区

| 第3章　GET——获取新知 |

小百科型的学习者和严晋型的学习者，都是认真的人，也都可能是各自领域的资深人士。但显然，小百科型的学习者更有后劲，我们都相信小百科型的学习者可以走得更远。他们之间的差别是什么呢？

在观察和了解了很多身边的卓越学习者后，我对大家在获取新知识方面有两大建议：**有用的无用**和**刻意的无意**。

有用的无用　刻意的无意

有用的无用知识

当今时代早已摆脱了"**车马很慢，书信很远**"的信息匮乏，甚至可以说我们的很多学习焦虑恰恰源自"**信息过载**"。全盘接收各种信息？无从下手，学哪个都觉得不是最优选择；视而不见？又舍不得，毕竟有这么多有价值的资源。于是，很多学习者在学习之前，首先会对知识进行区分——**有用还是没用**？当然，一旦决定了，他们就会只

关注自己认为有用的。

如果你是HR，你很自然地会去关注招聘、人才发展、薪酬设计方面的知识和资讯，但是科技、经济、生物等与自己"无关的无用知识"就会被你略过。如果你是程序员，那么代码、算法、数学都在你的关注圈内，但是艺术、审美、人际沟通就可能被你视作没什么用的知识。

另一种典型表现就是家长对孩子的教育。有些家长会给孩子安排各种辅导班，这些辅导班都是他们精挑细选、反复斟酌的"有用"的学科。例如，语文、数学、英语这些"主课"是标配，如果学点儿钢琴、美术等"副课"，也要奔着表演或考级去，为升学加分做"有用"的准备。

事实上，我们认为的"有用"或"没用"都只是根据自己已经知道的信息做出的判断。而那些我们还不知道的可能对我们来说有用的知识，会被我们的"有用标准"排除在外。从某种意义上说，你拥有的已知越多，被你排除的未知也就越多，曾经拥有的大量知识反而会让你受到掣肘。然后你就只能孤零零地站在自以为"是"的圈层里出不来，周而复始。打破这个循环的最好方法就是扩大知识

第3章 GET——获取新知

的接触面,帮助自己发现更多的未知领域。**只有这样,才能触发你学习的动机,进入新的领悟阶段。**这就是达克效应。

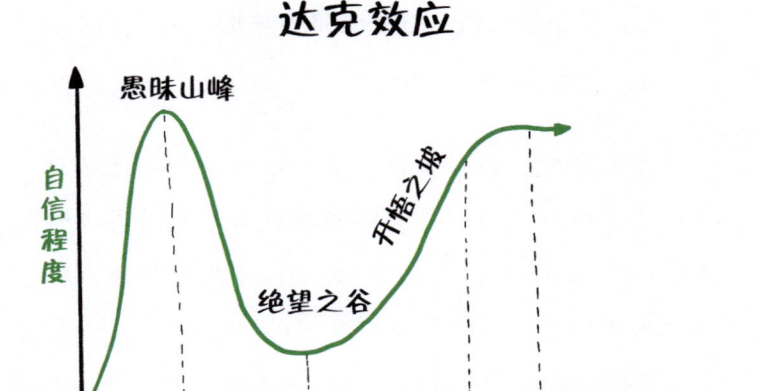

达克效应

纵轴:自信程度
横轴:知识与经验

- 愚昧山峰
- 绝望之谷
- 开悟之坡

横轴标注（从左到右）:
- 不知道 自己不知道
- 知道 自己不知道
- 知道 自己知道
- 不知道 自己知道

那些靠自己的专业知识刚愎自用的职场人士,那些用自己有限的认知为孩子规划学习路径的家长们,都要警惕这种效应,更不要将这种"狭隘的坚持"标榜为专注和长期主义。我曾经偶然听到国内投资界一位"大佬"谈过对长期主义的理解:

现在我们都在奉行长期主义,但是坚守长期主

| 这么学习，GREAT! |

义不代表故步自封、执迷不悟。在领略过足够的广度之后，再选择深度去长期坚持，这是睿智的选择和坚守；在领略广度之前，就傻傻地坚持，那是愚昧无知。

在无知基础上的选择性学习，并不是专注，而是一种认知狭隘。**无用的知识，往往也是有用的。**当还在企业全职上班时，我有过这样一段经历：

那段时间我特别焦虑，有一个项目方案，屡次汇报都不能让上级满意。我正挖空心思想着再去哪里找个高大上的模型或找一组令人震撼的数据来佐证我的方案，可久久找不到方向。

某天早晨，我在上班的路上，在微信的朋友圈里突然看到学者蒋勋的一小段视频。那段视频应该不超过3分钟，具体的内容我已经忘了，大概是讲美学和生活的关系。蒋勋用他那低沉、舒缓又温柔的声音，将一段关于古今中外的美学实践与生活的结合娓娓道来……那一刻，我有种如沐春风的感觉，焦虑的情绪瞬间被安抚了。什么汇报啊、方案啊都放下了，完全沉浸在那段"无用的知识"中。那一段不足3分钟的视频，为我带来了巨大的力量。可以说，当再次走进办公室时，

第3章　GET——获取新知

我内心的焦虑全没了，方案什么的好像也没有什么大不了的。其实那段视频与我的工作一点关系也没有，但其中传递的美好、希望和热爱，让我超越了当下的焦虑。短暂地溜号走神后，我仿佛换了一个人：眼神平和了，心绪宁静了，找到了撰写方案的初心和本源意图……然后，汇报就通过了！

我在互联网企业工作多年，接触过很多程序员。程序员这个群体一直都是"钢铁直男"的代名词，无趣、固执、格子衬衫、智商高、情商低是他们的专属标签。但是，不知道是偶然还是巧合，我发现有些程序员，特别是优秀的程序员，都很爱摄影。有句玩笑话是"一部单反相机就能把程序员一辈子的业余时间打发了"。更有意思的是，那些爱摄影的程序员，在工作中往往有更出众的表现。他们更有共情能力，更能与产品经理建设性地沟通，甚至写出的代码也很干净、整洁。小米的创始人雷军就是"码农"出身，据说现在看他当年写的代码，仍然犹如诗歌一般优美。

在汲取知识的阶段，**不要太追求有用了，无用也是一**

种有用。无用的知识就像中药里的药引子，药引子单独下药，没有治疗作用，但是药材中如果用了药引子，那就会效果倍增。**无用的知识可以激发有用的知识，因此无用的知识就变成了有用的知识，然后它再被无用的知识触发，形成连环效应。**每个人都可以逐渐延展自己的知识链。下页的图是我梳理的一个知识链，我从"培训"这个核心知识向外延展，竟然不知不觉地触碰了大数据、统计学、艺术审美、产品经理等领域。如果让我一开始就从这个知识链的最外端开始学习，我肯定是拒绝的，因为它们看起来一点用也没有。**因此，学习的最好方式是博览群书，甚至强迫自己刻意去学习"没用"的知识。**今天觉得无用的知识，未来某天会有用，正所谓"书到用时方恨少"。

刻意的无意通道

学习者除了可能在知识的选择上陷入有用没用的误区，在时间的安排上也可能走向一个错误的极端——**把时间填满，过度勤奋。**

还记得我女儿刚上小学一年级，学校召开新生家长会：

班主任向家长公布了学生每天的作息表，包括几

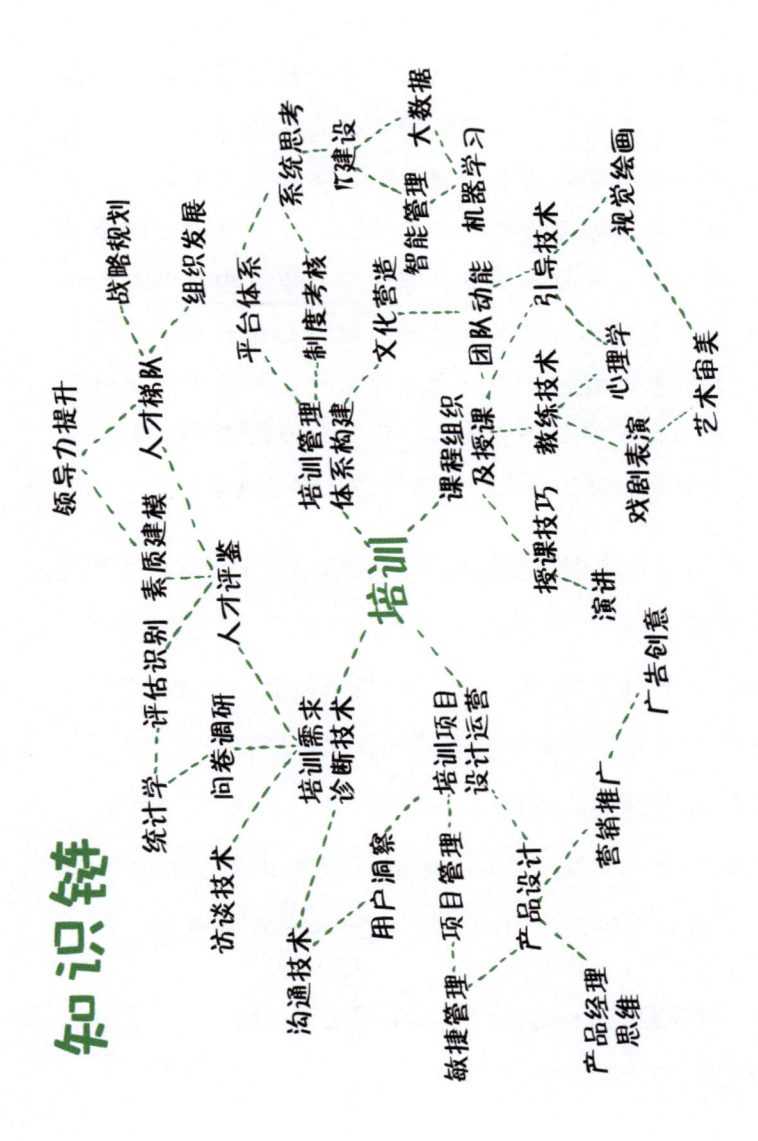

| 第3章　GET——获取新知 |

知识链

- 培训
  - 领导力提升
    - 战略规划
    - 组织发展
    - 人才梯队
    - 素质建模
  - 人才评鉴
    - 评估识别
    - 统计学
    - 问卷调研
    - 访谈技术
    - 沟通技术
  - 培训需求诊断技术
    - 用户洞察
  - 培训项目设计运营
    - 项目管理
    - 敏捷管理
    - 产品设计
    - 产品经理思维
    - 营销推广
    - 广告创意
  - 培训管理体系构建
    - 平台体系
    - 制度考核
    - 文化营造
    - 系统思考
    - IT建设
  - 课程组织及授课
    - 授课技巧
    - 演讲
    - 教练技术
    - 团队动能
    - 智能管理
    - 大数据
    - 机器学习
  - 引导技术
    - 心理学
    - 戏剧表演
    - 艺术审美
    - 视觉绘画

037

点上课、几点吃饭、几点午休……有敏锐的家长立刻发现午餐后到下午上课前有一段空闲时间，什么安排也没有。家长们纷纷关心在这个时间段孩子们是不是有老师看着？孩子们会不会自己乱跑？能不能安排点学习啥的？而我关注的是：有没有哪个时间段什么安排也没有，孩子们可以自由活动？哪怕是坐在座位上发发呆也好。很难想象一个小孩子全天的时间都被划成一个个小格子，格子里封装好了大人预设的程序和要求，没有一点缝隙和留白。那么梦想从哪里进来？奇思妙想从哪里进来？

以上这个例子就展现了太刻意用力的误区：太刻意追求效率，没有冗余和弹性。就犹如旅行，提前刻意做了攻略，规划好了每一站的路线、打卡景点、就餐的地方，这使我们一路上基本不会有意外，虽然这样肯定很高效，但也不会有惊喜。事实上，往往就是一个意外的岔路口，让我们"误入藕花深处"，收获了旅途中最美丽的风景。所以，在学习中，我们也需要一些刻意的无意缝隙。

在芭芭拉·奥克利的《学习之道》中，有一段关于大脑的两种思维模式的阐述：

> 大脑有专注模式和发散模式两种，它们在学习时

第3章 GET——获取新知

作用不同，但同样重要。专注思维是精神集中于脑中已经形成的紧密关联的事务上，负责利用理性、连贯、分解的途径直接解决问题；发散模式是让人放松注意力，任由思维漫步，这种松弛的状态让不同区域获得相互联络的机会，创意和灵感就会源源不断地涌现。

高效的学习者一定会为自己留出一些空白时间和缝隙，让新知识的光芒有机会照进来。**与其刻意规划学习的内容，过于用力，不如只刻意规划好学习的路径和时间，然后任由一些知识无意地飘进来。**

刻意的专注　　无意的发散

大脑思考的两种模式

每天在早晨上班的路上或临睡前，**为自己留下固定的学习时间**。鲁迅说过，时间就像海绵里的水，只要愿意挤，总还是有的。仔细观察自己的一天，就算再忙，也总是有一些空闲的时间可以规划和利用的，不需要太多，贵在稳定并持之以恒。

阶段性地为自己规划好知识学习的渠道，如一些与自己有关或无关的付费知识频道、微博、微信公众号，或者电子书。以上这些学习方式都非常便捷，可以在无意间为你输送很多信息。

时间有了，渠道有了，坐等知识扑面而来就行。每天约0.5小时，一年算起来至少有180小时的固定学习时间。180小时，按照每天8小时算，你也学习了22.5天！相当于一年有将近一个月的时间是在专门学习。要知道，大学生一年也不过9个月的全日制上课时间罢了。

记录知识的两种方法

当认识到了无用知识也有用，并刻意地安排出学习时间和通道后，你要做的就是摆好姿势，迎接海量的知识。但遗憾的是，受大脑的局限，我们能瞬间记住的东西太有限了。新知识可能只是跟你打了个照面，然后就飘过去了。因此，

第3章　GET——获取新知

卓越的学习者必须学会用一些好方法把知识记下来。

方法1　建立自己的移动知识存储库

永远不要高估自己的记忆力，某个瞬间看到的信息、脑子里一闪而过的念头，如果不把它们"下载"下来，转眼你就忘了，当你再想找的时候，怎么搜索也找不着，所以**要做到无心发现，有心积累。**

移动知识管理软件

随着智能手机的普及，移动知识管理类的这类软件实在太多了，如印象笔记、有道笔记、备忘录、收藏夹等。它们的功能都非常强大，既支持文字录入，又支持拍照、录视频，还能智能识别图片并将其转为文字，甚至还能从网上直接转存某个链接……一个账号登录，同时可以在手机、笔记本电脑、平板电脑等多个设备上共享。

一定不要吝啬于在学习方面的软硬件投入，在条件允许的前提下，买存储空间大的手机和电脑，买功能多的付费软件……正所谓"功夫不够，工具来凑"。在学习的过程中，我们的大脑才是最珍贵、最值钱的资源。大脑是用来思考和创造的，将记忆存储这样的"力气活"交给科技来解决吧，让我们彻底释放大脑的内存！

万能的便利贴

我是便利贴的深度用户，不管是在家工作，还是出差，我都随身备着几本3M便利贴。哪怕是休闲时间，出门旅行，我也喜欢带一两本。便利贴小巧便携，色彩多样，既可以分类记录，又可以激发创造力。一段文字、一个帖子、偶遇的一件趣事、一程风景……都有可能触发我的灵感，也许它们都是不太成形的念头，但当你拿起笔尝试记录和书写时，就是一个自我澄清的过程。用一个本子专门夹这些便利贴。久而久之，你就会收获一大波知识碎片。随手整理一下，你会被自己的"灵感"惊艳到。

方法2　真正地记录下来

请注意，我这里说的是**真正地记录**，而不是简单地下载或拍下来。随着电子产品的普及，下载信息的方法越来越简单，只需要拿出手机随手一拍即可。每逢一些论坛会议或培训课程，演讲者只要一翻PPT，大家就会纷纷拿出手机拍照。以前抢前排座位是为了听得清楚，现在大家抢

| 第3章　GET——获取新知 |

中间靠后的位置，是为了方便全屏拍摄。但往往事后，我们连拍了什么都不记得，甚至都忘了还有这么回事。当手机提示内存不足的时候，我们经常会毫不犹豫地删除这些信息。所以，如果你觉得某个知识很好，那就真正地记录下来吧。

写一写

曾经有一次，我带领一家知名互联网企业的员工做GREAT"撕享会"（后面会有专门的章节介绍这个方法）。我邀请阅读者一边读书，一边用彩色卡纸记录自己看到的内容。有一位技术研发经理问我："一定要写吗？我能不能用电脑的思维导图记录？"我拒绝了他的要求，请他耐心地试着用笔来书写。因为我知道，书写过程对吸收转化的作用非常巨大。美国学者Gloria Frender在《学会学习》这本书中谈道：

> 听觉、视觉和动觉三合一的学习过程，是非常有效的。书写的过程，会将看到的整段信息分解为小而易懂的词语；我们在写的过程中，都会有个默念的动作，虽然不出声，但其实有在心里默念，有被自己听到；从大脑思维运动到手指上的肌肉运动，使信息的迁移又被加深。平面化的信息，写着写着

就变得鲜活了。

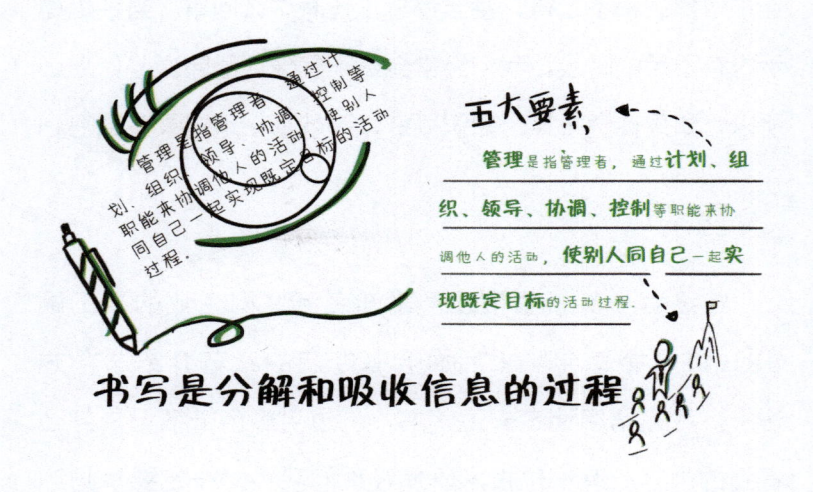

书写是分解和吸收信息的过程

画一画

大家会发现，近几年PS等设计软件的功能虽然越来越强大，但是手绘风越来越流行。相比写字，画画更有利于记忆和理解。你一定有这样的体验：读书的时候，你经常会记住一个知识点是在书本的哪个位置，如左上角或右下角。当你去查找公式和定理的时候，通常会先定位到书中差不多的位置。为什么？因为图形比文字更容易被记忆。

文字和数字都是经过大脑抽象之后的信息，当人类从外界获取到文字和数字信息的时候，需要大脑

第3章 GET——获取新知

进行转码之后，才能转换为可接收的形象信息。而可视化的图像、视频等信息不需要转码，能被人类直接吸收。

美国加州理工学院的罗杰斯·佩里教授提出了一个左右脑分工的大脑模型理论，揭示左右脑不同的工作原理，并因此获得了诺贝尔生理学医学奖。根据这一分工理论，左脑主要负责逻辑、判断、分析、线性、语言、符号、选择等功能，右脑主要负责空间感、节奏感、图像、想象、色彩、音乐、直觉等功能。可见，右脑主要从事形象思维，是创造力的源泉，是艺术和经验学习的中枢，右脑的存储量是左脑的100万倍。画画就是充分激发右脑的过程。

但是，我们也发现，除非经过训练的美术生，绝大部分成年人都更喜欢用文字表达。因为写字是一种更精确的表达方式，更利于**"说清楚"**。我问过很多成年人："你最后一次画画是什么时候？"大多数人都回答说："取得幼儿园文凭后就很少画画了。"是的，你会发现——当你学会写字之后，就不再画画了，因为写字更容易说清楚。但是这种精确会让我们的思考变得狭窄，因为要想表达得精确，你就要仔细雕琢文字，而且每个字的意思都要精准

| 这么学习，GREAT! |

无误。而画画就不同了，它更有象征感和意义感。例如，当你写下"创意"二字，再用寥寥几笔勾勒出一个发光的灯泡时，就会让"创意"二字变得闪闪发光，充满能量。

你可能要说：我不会画画，怎么办？怎么可能有人不会画画？画画是人类最原始的学习方式，从中国的象形文字到小孩子的本能涂鸦，每个人都是先会画画再开始学写字的。所谓的"不会"只是我们觉得不像或不好看而已。其实画画不是为了"像"，而是为了触发更抽象的记忆。

我就是从35岁开始尝试用手绘的方式来表达内容的，此前我从未将自己与画画这项才能联系在一起。偶然一次，我跟着视觉引导界大师毛泡泡老师学习了两天，严格来说，那两天我什么也没学到，只学到了一点——**画得不好也无所谓**。一开始，我只是画一两张海报挂图，后来发展到用它做笔记和教材。本书的插图都是我自己画的，怎么样？虽然不是很像，但还是生动地传达了我要表达的意思。

| 第3章　GET——获取新知 |

知识拓展

视觉卡片

在视觉引导领域，有一种成形的方法就是图形字母表。就像英文单词的基础是26个英文字母一样，视觉绘画的基础就是一套视觉元素。一架小飞机可以表达发展、突破、加速等含义，一个垃圾桶可以表达浪费、停止、禁止等含义。因此，你只要稍加练习，就可以掌握一些基础的视觉元素，就足够日常做笔记用了。

在这里，向大家推荐我的老师毛泡泡。她设计了一整套视觉元素卡，都非常好学、易上手。只要刻意练习一阵子，基本就可以信手涂鸦。

敲黑板

☆ 知识储备的数量犹如你存入银行的存款，是产生知识复利的本金，知识本金越多，复利越大。

☆ 在学习知识的过程中，无须过于追求"有用"。当下觉得无用的知识，未来也可能有用。

☆ 与其刻意规划学习的内容，不如只刻意规划好学习的路径和时间，然后任由一些知识无意地飘进来。

☆ 善用智能软件和便利贴建立自己的移动知识库。

☆ 如果你觉得某个知识很重要，就把它真正地记录下来，写一写、画一画。

| 第3章　GET——获取新知 |

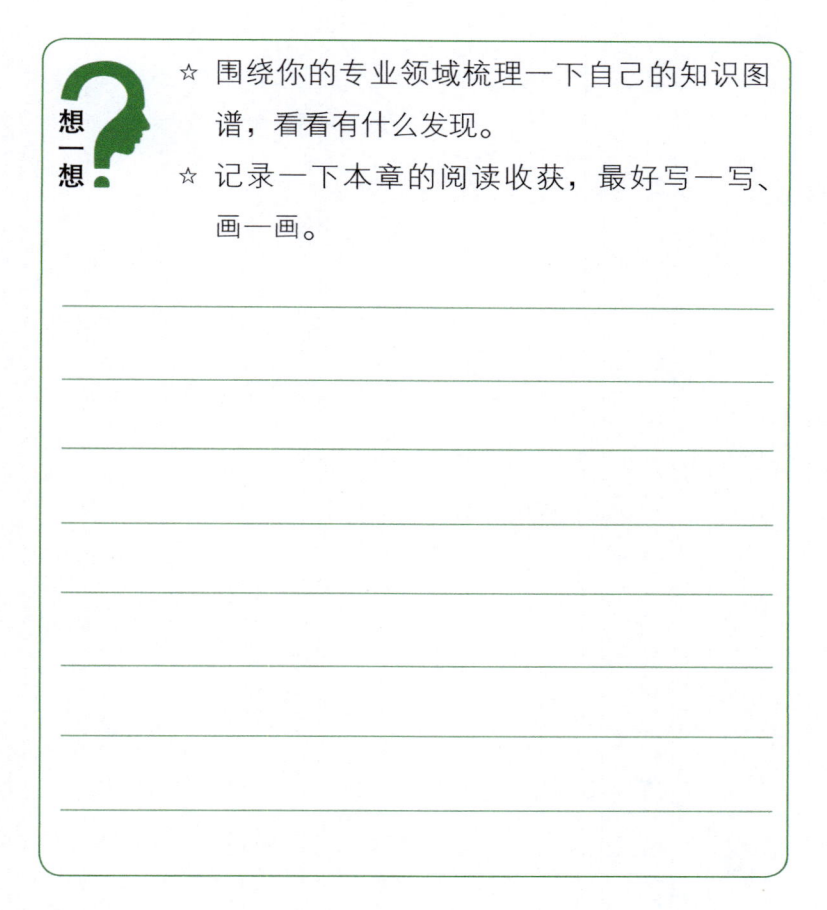

想一想
- ☆ 围绕你的专业领域梳理一下自己的知识图谱，看看有什么发现。
- ☆ 记录一下本章的阅读收获，最好写一写、画一画。

第 4 章
REFLECT—— 反思联结

学而不思则罔，思而不学则殆。

> 让新知识与自己的实践联结起来，是第一层复利。这个产生复利的学习动作，就是反思联结。在这个过程中，我们应该持有一种动态学习观——允许自己当下笃信且践行的一切明天被彻底推翻。暂停批判和拥抱差异的信念有助于我们保持开放的心态，从而更好地回顾、反思和联结。

联结新知识与自己的实践产生复利

在广纳博取地获取了大量新知识后，我们已经有了不错的知识本金储备。但是，此刻我们储备的只是新知识，纵使我们倒背如流，这些新知识与我们并没有实际关系，只是简单地储存在我们的脑海里，我们貌似拥有了它们，却没有掌握它们。只有**让这些新知识与我们过往的知识和具体实践联结起来，这些新知识才有可能为我们所用**。这个产生复利的学习动作，我们称之为反思联结。

反思在学习中的价值在中外教育研究中早已得到了印证。中国《论语》中说的"学而不思则罔，思而不学则殆"，就是在强调反思的意义。美国教育家大卫·库伯提出的著名的库伯学习圈也突出了反思的作用。他认为学习过程是由4个阶段构成的，包括：具体经验、反思观察、抽象概念、积极实践。**在具体经验阶段**，学习者通过体验去

第4章　REFLECT——反思联结

感受知识；**在反思观察阶段**，学习者停下学习的脚步，对已经历的体验加以思考；**在抽象概念阶段**，学习者必须能理解所观察的内容，并且吸收它们使之成为合乎逻辑的概念；**在积极实践阶段**，学习者要验证这些概念并将它们运用到制定策略、解决问题中。从库伯学习圈可以看出，**在形成抽象化的概念前，反思观察是一个非常重要的环节。**

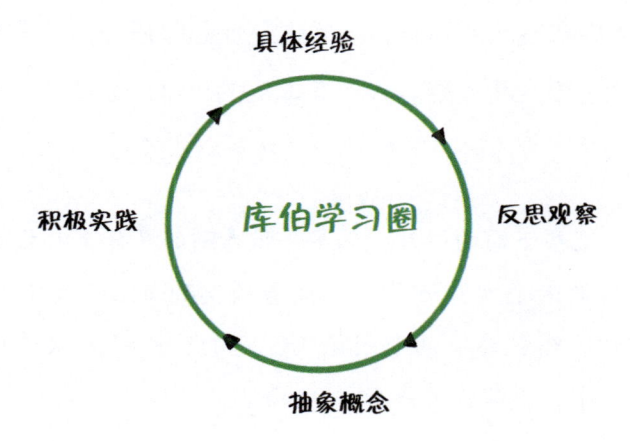

| 这么学习，GREAT! |

暂停评判　拥抱差异

暂停评判

当你在接收新知识，开始进入反思阶段时，最需要警惕的就是否定和质疑。人都有本能的思维定式，无意中就会被这种定式控制。我们一起来做个小实验：

观察下面的图片，你第一眼看到的是什么？戴着头巾的老太太？还是一位戴着项链的贵妇？你可能惊讶，嗯，还有两个图像吗？是的，如果你只看出了一个，试试找另一个。

第4章　REFLECT——反思联结

下面的图片是你熟悉的蒙娜丽莎吧？把书倒过来看看，有什么发现？咦，竟然是哭泣的蒙娜丽莎。

当你尝试强迫自己改变原来的视角，从另一个视角看以上这两张图片时，是不是很难受？可是，看着看着，也还算顺眼，对吧？

认识也有一个舒适圈。当我们接触到新知识时，本能地会将它与脑海中已有的知识做比对。当新知识与你的已有知识不同时，你首先要从这个舒适圈里走出来，然后才能进行高质量的观察和反思。所以，刚开始与自己的已知联结反思时，请**暂停评判，让这份不舒适停留一会儿，这将是一份珍贵的礼物**。事实上，人类历史上很多重要的突破都是在自我否定和批判中发生的。

哥白尼刚提出"日心说"的时候，由于害怕被宣传"地球中心说"的教会迫害，直到临死前夕，才把《天体运行》一书公布于世。后来，乔布丹·布鲁诺则无畏地公开宣传太阳中心说，教会宣布他为"异教徒"，并千方百计地诱捕他，最后在罗马的鲜花广场上把他活活烧死。临刑前，他无畏地高喊："火并不能把我征服，未来的世界会了解我，知道我的价值的。"值得欣慰的是，哥白尼的小心隐忍和布鲁诺的英勇无畏所换来的日心说，今天被证明是人类最伟大的认知突破之一。但可以想象，当日心说刚被提出时，世人有多么地抵触和排斥。

每个GREAT学习者都应该拥有一种**动态学习观——你当下笃信且践行的一切，明天也许会被彻底推翻**。正如有句话说的那样："如果你没有发现去年的自己是个傻瓜，那这一年你就白活了。"当你建立了这种动态学习观时，新知识对你产生复利的机会将大大增加。

拥抱差异

请注意，这里说的是差异，不是差距。不要把差异当作一个问题去看待，如果我们将其当作不足，就会本能地"逃避和辩解"。**但如果是差异，我们就会通过回顾、内**

第4章　REFLECT——反思联结

观、复盘和反思，找出自己在理念认知、行为表现上与新知识的不同，最有价值的复利部分就发生了。这份差异，会催生你的好奇心：为什么不同？我是怎么做的？新知识是怎么说的？孰对孰错？或许两者都是对的，只是应用场景不同？或许就是我的不足，太好了，幸好今天发现了这个不足，我还来得及提升和改进。当你开始回答这些问题的时候，学习就会自然地发生。

差异是机会

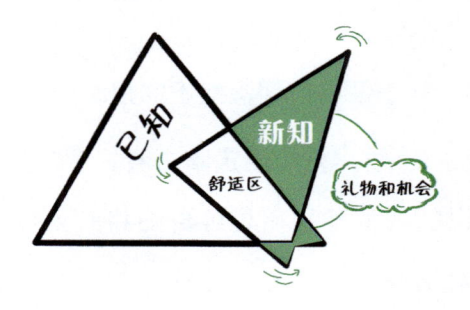

(已知 / 新知 / 舒适区 / 礼物和机会)

这里，我也想提醒所有的讲师或做培训设计的伙伴，如果能在学员开启学习前充分地帮他们反思，让学员自己发现差异，激发好奇心，那么后面的学习过程简直就是水到渠成！（第8章会重点谈论如何做培训设计。）

反思联结的 3 种方法

在我们打败头脑中批判的小魔鬼，接纳并拥抱差异开始去反思时，新知识将与我们过往的经历和已有的认知产生一轮撞击。在这个过程中，我们需要消化、解读、验证。为了更好地催化这种反应，我将跟大家分享几个方法。

方法 1　知识解构，洞悉知识的根源和外延

在反思的时候，首先要定睛去看，解构知识的底层组件。这里说的解构不是用思维导图将知识按照总-分-总的层次分解出来（这么分解出来的思维导图只是记录本身）。真正的解构是把这个知识深度剖析开来，是纵向的。以下举个例子。

| 第4章　REFLECT——反思联结 |

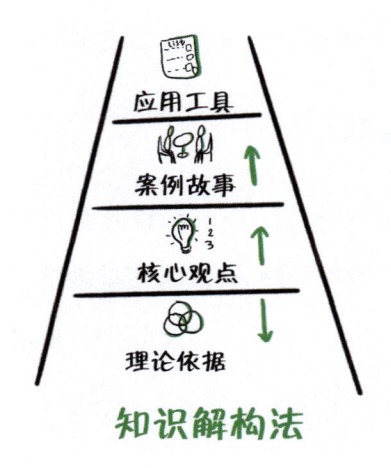

知识解构法

（图示：应用工具 / 案例故事 / 核心观点 / 理论依据）

我在企业大学里负责培训工作的时候，经常需要考察并采购外部的培训课程。一次，我带着部门里的培训专员与一家培训机构洽谈一门课程，这个专员就一个问题反复拷问对方：一级大纲？二级大纲？三级大纲？还能不能再提更细的大纲？而我更关注的是：讲的核心要点是什么？理论出处是哪里？举的什么案例？有没有提供应用性的工具？分别讲多长时间？怎么讲？怎么练习……

我和以上这个小专员的区别就是看待知识的层次不同，她是平面横向解构，我是立体纵向解构。有很多学习者在学习的时候，纵使很勤奋，很努力，也只是在知识的一个层面上来回兜转。就像常言说的那样：外行看热闹，内行看门道。反思一个新知识时,可以遵循下面的解构框架。

核心的观点和方法

不管你是看一本书、听一门课还是阅读一篇文章,作者都会传递核心的内容和观点。简单地说,就是一级又一级的大小标题。这些标题一定是我们在反思中首先提取的部分。例如:

> 一本讲如何激励员工的书,可能告诉你激励员工有很多方法,归纳起来,就有两种:花钱的和不花钱的方法,也就是物质上的和精神上的方法。花钱的方法有工资、奖金、股权激励等;不花钱的方法有表彰,提供荣誉、培训机会、挑战性的工作机会等。

如果把以上这部分知识解构出来,则会使你理解起来感到非常直接且容易,因为它直接告诉了你观点是什么。

理论的出处和框架

接下来,你还要再往下挖掘,这些观点背后的理论支撑或缘起是什么?它们更多地是在回答"为什么"。继续刚才的例子:

第4章　REFLECT——反思联结

两种激励方式的背后，应用的其实是赫茨伯格的双因素理论。这个理论认为，激励有两种因素，一种是激励因素，另一种是保健因素。保健因素是相对稳定的收入，它可以减少不满意，但无法带来更满意，这类因素包括如薪水、工作条件和人际关系等；激励因素不一定是必需的，也不太需要持续稳定地给予，但它会带来更满意，这类因素包括工作本身、认可、成就和责任等。

看到这里，你会恍然大悟：原来上面那些观点和方法是在这个理论的基础上衍生而来的啊！这层解构可以帮你理解**"为什么"**。解码了这层信息，你就可以举一反三，拓展出更多的方法来。

双因素激励理论

保健因素	激励因素
→ 减少不满意	提升满意度 →
薪酬	认可
环境	成就
人际	责任

| 这么学习，GREAT！ |

典型的案例和场景

大部分的书或课程，一定会围绕"什么"和"为什么"来阐述更多的"如何做"，而且会将这个"如何做"融入具体的情境和场景。继续刚才的例子：

针对低学历的蓝领工人，一定要把保健因素做到位，先保证他们有足够安全的工作环境；要给予有保障性和竞争性的薪水，让他们足以养家糊口。激励因素也是需要的，如发奖状、表扬等，但前提是保健因素不能让他们严重不满意，影响工作的积极性。

针对高学历的白领人员，保健因素当然重要，薪水是价值体现，但是人际关系也很重要。知识工作者的工作产出很大程度上要依赖于伙伴之间的协同合作，如果团队间钩心斗角，没有坦诚友爱的团队氛围，团队成员就会很受挫。而且，激励因素要加大比重，如委以重任就是非常有效的手段，人们愿意挑战更高难度的工作，那会给他们带来成就感。

列举案例会让你更好地理解知识，澄清应用中的要点和注意事项。

第4章　REFLECT——反思联结

应用性的工具和清单

最后一层解构是工具，这是使知识从深入到浅出的过程。看看新知识是否给你提供了能帮助你应用的工具。不是所有的知识都能讲到这个层面，毕竟作者和老师的水平良莠不齐。但是我一直倡导一个观点：任何不提供工具、表单、下拉菜单的培训都是"耍流氓"！

关于激励的方法有很多种，我们可以视具体的人群和特性来设计，下面这张图为你提供了充分的可能性和选项，也是很多管理者亲测有效的方法。

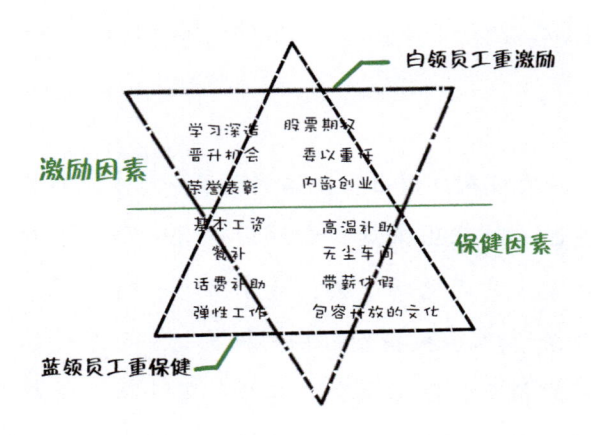

（图：六角星图，白领员工重激励／蓝领员工重保健；激励因素：学习深造、晋升机会、荣誉表彰、股票期权、委以重任、内部创业；保健因素：基本工资、奖金、话费补助、弹性工作、高温补助、无尘车间、带薪休假、包容开放的文化）

方法2　将自己带入一个具体的情境

学习的终极目标是让知识得以应用。现在不管是成人

| 这么学习，GREAT! |

培训还是小学生的学校教育，都非常注重引导学生将知识还原到具体情境中去反思和练习。

情境学习是由美国加利福尼亚大学伯克利分校的让·莱夫教授和独立研究者爱丁纳·温格于1990年前后提出的一种学习方式。知识的意义、学习者自身的意识和角色都是在学习者与学习情境的互动、学习者与学习者的互动过程中生成的。也就是说，你要将学习的东西实际应用在什么情境中，那么你就应该在什么样的情境中学习这些东西，即在哪里用，就在哪里学。

情境会带给学习者更具象的想象，可以还原细节并具象化行动。

一次我在广州出差，偶然进了一家永旺超市买了点东西。结账出来后，看到门口有一个箱子专门用于收集客户的购物小票，箱子上有一行大字："小票金额的1%会被捐赠给福利机构。"如果是你看到这样的箱子，则不太会在意吧？瞥一眼，就赶紧离开了。但是这家超市与众不同的做法是，他们将箱子分成了很多小格子，每个格子都注明了被捐赠的机构，如残疾人康复中心、敬老院、智障人士基金

第4章　REFLECT——反思联结

会……于是，我看到的就是，几乎每个小格子里都被塞满了小票。这就是具体情境对人们行动的触发作用，当你知道这笔善款最终去往哪里时，会激发你更强的参与动机。

特别需要提示的是，在学习反思的过程中，**这个情境必须无限接近真实场景**，而不是虚拟假设。我讲过一堂关于用户体察的课程，课程中谈及如何根据客户的需求来设计产品：

我邀请在场的所有成年人都蹲下来，蹲到孩子的高度去感知周边的环境。摸摸桌子、椅子，抬头看看一旁站着的人……当成年人真的蹲下来时，他们一下子就明白了为什么孩子在害怕的时候会突然扑过来抱住爸爸妈妈的大腿，因为以他们的身高，目之所及皆是大腿。我又拿了几个儿童用的勺子（就是手柄很大、很圆，横着抓在手里的那种），让大家试用。成年人都觉得很别扭，但仔细想想，孩子就是这么抓着勺子的，包括牙刷，孩子都是用整个小手抓住的，而不是用两个手指捏住。

| 这么学习，GREAT! |

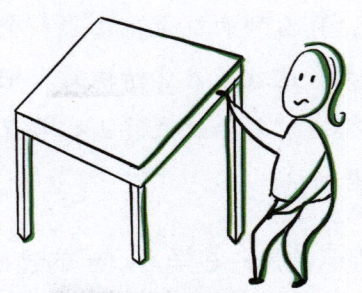

原来，这才是孩子的目之所及……

因此，在反思时，一定要为自己设定一个具体而又有现实意义的场景，越有画面感越好。例如，你最近正在学习时间管理方面的知识，也许是一本书，也可能是一门网课，你可以这样设定情境并反思：

> 时间管理的课程中一定会提到时间管理的四象限，按照重要和紧急程度将日常事务区分开。你可以将思绪拉回到最近的一周，想想在这一周都有哪些工作。如果按照四象限的方法进行归类，这些工作分别属于哪个象限？关于这些工作的优先级，你是如何排定的？哪些不合理？为什么会造成这种现象？如果再给你一次机会，你会做出什么样的调整……

情境反思在小学教育中更为重要，因为小学生的生活

| 第4章　REFLECT——反思联结 |

经验少、知识的关联能力弱，更需要主动为他们设定情境。我女儿的老师经常会布置一种画小报的作业，数学小报、语文小报、英语小报。核心要求就是把知识放入生活场景，然后画出来：

> 我女儿的数学老师向我反馈说我女儿的长度概念很弱，对厘米、分米、米完全无感。我女儿就是会写出"40米长的削笔刀"这种答案的孩子。于是，老师要求她周末在家里把各种生活场景都画下来，估一估尺寸。冰箱、电视、手机、桌子……最巧妙的是，估算的单位也是场景化的，老师给了她一份清单。一个曲别针的重量大概是1克、一扇窗户的长度大概是1米、一瓶矿泉水的重量大概是500克……这种从情境中来到情境中去的教学方式真是太有效了！

在情境中反思的方法不仅可以用于概念性知识和智慧技能的学习，也同样适用于运动技能的学习。

> 曾经有这么一组实验，把实验者分为A、B两组，A组、B组每天都进行一样的投篮训练，A组在训练之后不做任何反思，B组则在训练之后再进行半小时的想象投篮。一个月之后，B组的投篮命中率明

显比A组高。这种想象训练法现在被大量应用在现代的体育训练中。

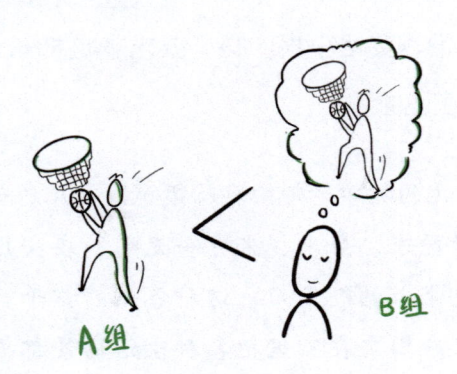

曾经有人问我:"如果我实在想象不出某个知识的应用场景,怎么办?"我的答复是:"那就先不办了。如果这个知识于你而言没有应用的需求和机会,宁可先放弃它,也不要浪费时间。"我特别想提醒一些做培训或教学的老师,能够激发学生学习的前提是带入情境中去应用。不要急于输入知识本身,要先去触发学生的场景思维,帮助学生置身于应用环境后,再开始教学。

方法3 递进式地自我设问

反思的价值在于找到差异和不同,发现差异后就能激发新的学习动机,进而探寻更多的答案。下面这一串自我

第4章　REFLECT——反思联结

设问的方法就是发现差异的好办法。

知识本身

讲的核心内容是什么？

用在哪些具体的情境下？

如何应用？

有哪些要点和注意事项？

现状评估

我在这个问题上是如何做的呢？

有什么不同、优势和差距？

存在的难点和挑战是什么？

差异改善

当下最迫切需要改善的地方是什么？

改善后可以获得什么？

如何去改善？

知识拓展

KWL 学习反思记录表

KWL表是美国教育学家Donna Ogle提出的提升学习效率的一张表格。这张表格在美国的学生中被广泛应用，它可以让学习变得更高效。

K代表Know——我知道什么（What I know）？

W代表What——我想学什么（What I want to know）？

L代表Learned——通过本次学习，我学到了什么（What I learned）？

以学习时间管理为例，下面这个图为大家展示了KWL表的用法，图中的这张表格的结构可以帮助学习者关注已知和未知之间的差异，激发学习动机。

第4章　REFLECT——反思联结

KWL学习反思记录表

K What I know 学习前已知的	**W** What I want to know 通过学习想知道的	**L** What I learned 通过学习学到的
● 时间管理有四个象限 ● 拖延症是时间的杀手 ● 工作日志可以提高效率	● 排定优先级的原则 ● 保持精力充沛的技巧 ● 克服拖延症的方法	● 重要的事情一直拖延早晚会变成紧急的 ● 先把容易处理的小事情做完，可以减少积压带来的焦虑感 ● 番茄工作法是调节精力的妙招 ● 清空大脑的记忆负担，把大脑用于创造

| 这么学习，GREAT! |

敲黑板

☆ 只有将新知识与自己过往的体验和具体实践联结起来，这个新知识才有可能为己所用。

☆ 我们应该持有一种动态学习观——我们当下笃信且践行的一切，明天也许会彻底被推翻。

☆ 当新旧知识相遇时，你的认知舒适圈会被打破。暂停评判，让不适应停留一会儿，这将是一份珍贵的礼物。

☆ 纵向解构知识是更具深度的学习反思，包括核心观点、理论依据、案例故事和应用工具。

☆ 在具体的情境中反思可以带来更真实的细节还原和具象行动。

☆ 递进式的自我设问可以系统地帮助你反观差异和改进点。

| 第4章　REFLECT——反思联结 |

想一想

☆ 用知识解构法来解构本章的知识要点。
☆ 尝试就一个具体的学习主题和情境，进行递进式自我设问，探寻自己在该领域的差异和不足。

第 5 章
EXCHANGE——
跨界交互

三人行，必有我师焉。

> 学习，不是一个人的冥思苦想。让不同视角和领域的知识交互，是知识学习的第二层复利。跨人际的交互可以打破个人经验视角的局限，跨学科的交互既能开发大脑，又能汲取整合多领域知识的精髓。你的认知+我的认知=新的认知；A知识+B知识=C知识。

让知识产生跨界复利

"跨界"这个词随着这几年诸多新兴模式的崛起，越来越为人们所熟知并接受。有句常被提及的话是："打败行业老大的，通常不是行业老二，而是一个跨界行业杀出来的黑马。"跨界的理念之所以备受推崇，那是因为**跨界后，会带来两种优秀经验和思想的整合，从而催生更优秀的整合方案**。知识学习当然也要跨界！

现代社会越来越渴求复合型人才，什么T型人才、斜杠青年、一专多能等。你会发现，凡是跨界高手，都有一个特点，那就是拥有跨界的多学科知识。

我很喜欢看小林漫画，他幽默的文案和简洁的画风圈粉无数。我一度以为小林一定是专业的画家，后来才得知，小林本尊林帝浣竟然是个学医出身的医学生，而且全职工作是大学讲师。小林在有

| 第5章　EXCHANGE——跨界交互 |

次接受采访时说道:"行医和写字、绘画是有相通之处的,如做阑尾炎手术的时候,必须要一刀划开患者的肚皮,那就不能用蛮力。在若有若无之间,划下优雅的一刀,很轻,但是非常精准且稳定。画画时运笔也是这样的,看起来毫不费力,其实暗含内力。"

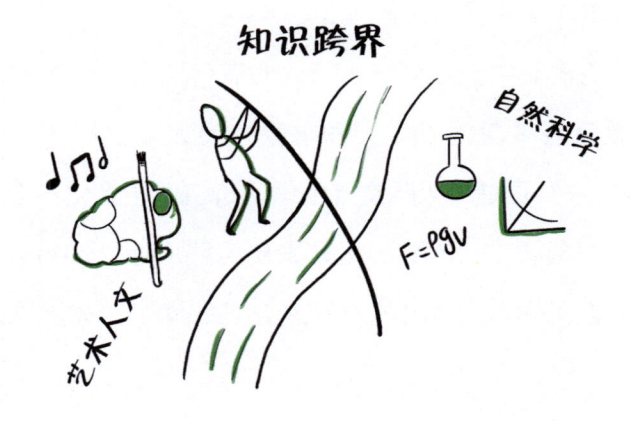

知识跨界

艺术人文　　　　F=ρgv　　自然科学

　　跨界知识高手比比皆是,钟南山院士拿过全国大学生运动会的冠军;毛泽东不但是政治家,也是诗人;很多自然科学领域的科学家艺术修养也很高。一个人成为多面手的前提是拥有多元的知识体系和整合能力。这种多元,必须靠跨界完成。**跨界学习的复利就是:你的认知+我的认知=新的认知;A知识+B知识=C知识。**

跨越人际　跨越知界

跨越人际界限，与不同的人交流

《论语》中说："三人行，必有我师焉。"我们从小就被教育要多向他人学习和求教。而人才发展领域中的"721"法则更是将人际交互的学习价值做了量化：在一个人的学习成长中，70%的提升来自实践历练；20%的提升来自向他人学习；10%的提升来自正式学习，如上课、看书等。

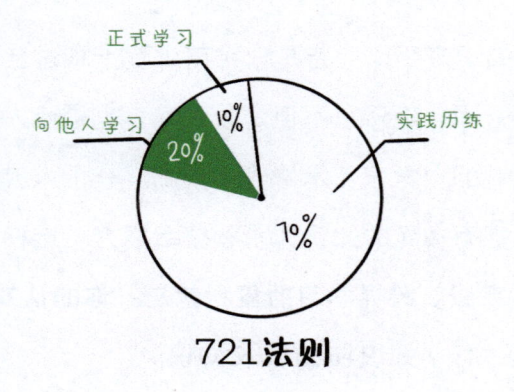

721法则

第5章　EXCHANGE——跨界交互

同一棵大树，木匠看到的是木材，画家看到的是盎然的春意，植物学家看到的是繁茂的枝叶。

不同人的视角

- 盎然的春意
- 繁茂的枝叶
- 高大的木材

越是背景不同、学科不同、年龄不同的人，在一起交互的时候就越能带来完全不同的视角和交互。 网络上流传过一个真实的段子。

一个公司的程序员和产品经理打架，最后双双被开除。打架的原因就是产品经理提了一个"荒谬"的需求：让程序员根据手机用户当天的心情来改变手机壳的颜色。程序员觉得这个需求实在太奇葩了，最终引发了打架。事后，网民们除了感慨程序员和产品经理这对职场CP的相爱相杀，也有一波人真的去探讨了实现路径。

人工智能领域的专家说：用人脸识别，让手机软件学会读取人的表情并反复学习分析，最终学会理解手机主人是否开心。好，"人的内心情绪被手机知道"，这一问题解决了。

手机硬件专家说：心情不同，就让软件告诉手机硬件，然后让硬件发热！心情好，多发热；心情不好，少发热。好，"从手机软件读取信息到硬件接收"这一问题解决了。

分子材料领域的专家说：这下好办了，用可以根据手机热度变化颜色的材料做手机壳。不同的手机热度触发手机壳材料的颜色变化。

完美！到此为止，跨领域的专家和知识接力解决了以上这个看似不可能完成的奇思妙想。且不说这一构思到底有没有商业价值，至少从逻辑上验证是可以实现的。

因此，在学习的过程中，除自己反思外，一定要打开

第5章　EXCHANGE——跨界交互

视野，与他人做交互联结。你可以跨越不同的年龄、不同的行业、不同的岗位、不同的地域……举个不同年龄层的跨界例子：

  有个实验面向大人和小朋友，问：苹果里有星星吗？大人拿着苹果看来看去，还切开了看，说没有。小朋友也把苹果切开看，说有的！原来大人受多年的习惯影响，一般把苹果底部朝下，竖着切。可是小朋友不管，放倒就切，当苹果横切的时候，苹果核的横截面就是星星。

苹果里有星星

  跨人际学习在企业中的应用也越来越广泛，很多企业会做内部导师辅导新人的培养动作。我们发现，在这种培养模式中，很多导师的收获比被辅导者还要大。甚至有中年导师会特别提出要辅导年龄差异大的新人，他们觉得年轻人往往会带来更多更新鲜的视角。建议大家平时留心为自己建立一个人脉生态圈，让自己的周围有不同类型的伙伴，从而有机会与不同的人交互学习。

跨越知识界限，让不同的知识交互

除人际跨界外，知识跨界也很关键，这一点也容易被学习者忽视。我们更习惯于将一个知识纵深延展，却鲜有横向跨界的训练和方法。

记得小时候读书的时候，各科老师经常会说："语文作业做累了，就写写数学作业。数学作业做累了，就写写语文作业。"当时以为是老师的玩笑话，现在想想也不无道理。不同学科领域的知识首先在用脑方式上是不同的。

> 右脑负责正负情绪的感受和处理，掌管想象直觉、韵律空间等感性思维，音乐、绘画、空间几何的学习主要靠右脑；左脑主要负责处理言语符号传达的信息，读、说、书写、计算、排列、分类、言语回忆和时间感觉等，是逻辑和分析的思维。所以，为了让左右脑充分被激发，就需要在不同领域

第5章　EXCHANGE——跨界交互

的学科上经常跨界切换。这就不难解释为什么很多科学家还精通艺术了。

因此，跨界的知识学习有助于大脑的开发，会让我们变得更聪明。

跨界的知识学习不但有利于大脑的开发，而且有助于汲取和整合不同领域知识的精髓。拿我们熟悉的黄金分割点来说，这个理论在美学、制造业、植物学甚至经济学中都能起到跨界的作用。

美学领域讲求不对称的美，所以主持人、演员站在比例为0.618的舞台位置最好看，声音传播效果也好。在自然界中，很多植物的叶片分布竟然也是按照黄金分割点的比例来的；在汽车制造中，车门的位置也遵循了黄金分割点的原理；在企业经营管理的经验中，资产负债率应以黄金分割点为临界点，如果高于这个点，就可能面临较大的经营风险；在股票市场中，黄金分割点的数值也是盘面走势的重要分水岭……

黄金分割点的跨界

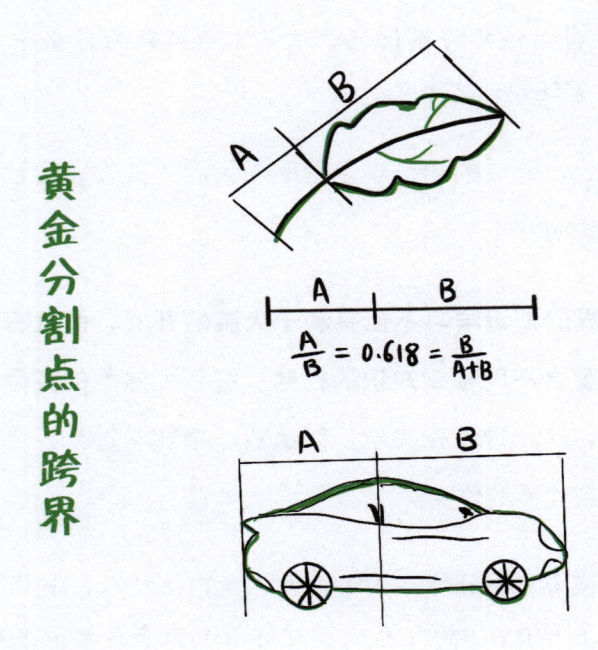

$$\frac{A}{B} = 0.618 = \frac{B}{A+B}$$

卓越的学习者善于从不同领域的知识中找到共性和相通之处,从而将它们整合升华,彼此复利。

| 第5章　EXCHANGE——跨界交互 |

激发跨界交互的 3 种方法

方法 1　同类整理法，让更多人可以畅快地沟通

当我们和很多人在一起交流信息时，会出现一个问题：人越多，交互越困难。特别是在开会时，2个人能很快达成共识，3个人也不太费劲，5个人以上就麻烦了，不但不能达成共识，而且会跑题。所以，我们需要一种可以帮助很多人快速收集、整合观点的方法。引导催化领域有一种技术叫作同类整理，这是一个有助于快速分享和共识观点的方法。它的操作步骤如下。

发散阶段

1. 请所有参与交流的每个人就同一个问题发表观点和看法。

例如，客户对我们的服务都有哪些期待？

2. 如果人不多，10个人以内，可以不限制大家观点的数量；如果人很多，可以限制每人的观点数量，保证全场的总观点量不超过60个。

3. 每个人将自己对这个话题的观点书写在卡片或便利贴上，但是一定要"一卡一意"，一张纸或一张便利贴上就写一个观点。例如，大家可能写"快速""优质""诚信""安全"等。

同类整理法

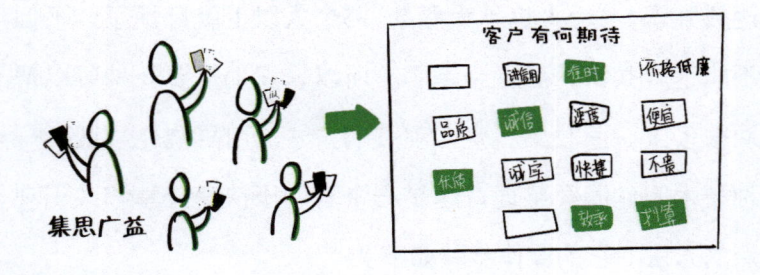

收敛阶段

4. 收集所有人的观点卡片后，一起逐一交流。

5. 同样观点的卡片纵向排列，不一样的观点横向排列。例如，"诚信"和"守信"其实表达的是同样的意思，只是选词有所不同，经过本人的同

第5章　EXCHANGE——跨界交互

意后，就可以将两者合并，纵向排列；"诚信"和"价格低廉"就属于不同的含义了，可以分开，横向排列。

6. 最后，对每个大类别重新书写一个更贴切、更能准确表达其所代表的意思的新卡片。

特别提示：在收敛合并时，不要强行合并，我们有时会被强大的左脑逻辑思维控制，喜欢逻辑和条理。但是越大的颗粒度，其实越看不出差异和丰富性。只有细小的颗粒度才有助于发现更多不同的观点。

以上这个方法的好处就是让所有人的观点都有机会被看见，不会有人不发言，也不会有"麦霸"控制言论方向。

方法2　归纳类比法，将底层原理跨界套用

在《科学学习》这本书里有这样一项研究，研究中采用归纳类比的方法帮助医生想到了更多治疗肿瘤的方案。

一个肿瘤病人需要做放射治疗，但是如果要消灭癌细胞，就要用高强射线。可是高强射线穿透癌细胞的时候，健康的细胞也会被杀死。如果为了保

护健康细胞，减小射线的力量，又不足以杀死癌细胞。

研究人员提供了消防员灭火的例子给医生们。

消防员想扑灭一场大火，就要喷水，如果让所有水枪都从同一个方向喷射，那么水枪的巨大反作用力会使消防员难以控制，因此，消防员会从几个不同的方向对着着火点喷水，既能保证灭火的水量，又控制了反作用力。

灭火故事提供的类比是**先分散力量，再集中解决**。这个类比为医生们提供了跨界的启发：

从不同的角度同时用几束较弱的射线集中照射肿瘤细胞，既能保护健康细胞，又能杀死癌细胞。

再举个关于企业管理是如何从三角形中获得启发的例子。

我们都知道三角形是最稳定的结构，因为三角形的任意两条边的夹角大小都决定了第三条边的长度。一旦固定好了两条边，那就意味着第三条边不可动。

| 第5章　EXCHANGE——跨界交互 |

我们将这个底层原理归纳为：**3个点相互制衡最稳定**。然后将这个原理引申到企业管理中，为了保证企业经营的规范和公正，可以设立董事会、股东会、监事会三方进行相互服务和监督管理。

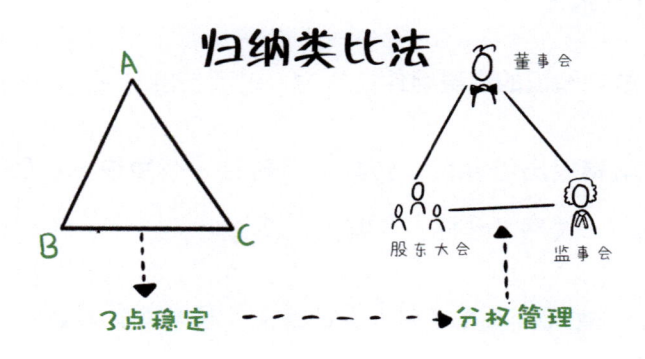

方法3　知识解耦法，将底层组件迁移

有些知识从表层看很不同，甚至风马牛不相及。但是当你解耦它们的底层组建时，就会发现它们有可以跨界迁移的共通之处。我曾经听过一位全国优秀教师是这么解读物理中的涟漪现象的：

涟漪，是能量在传播，但水并没有动。延展开来联想，水这种非生命物质，都不随波逐流，何况人乎？

| 这么学习，GREAT! |

让我们来看看"涟漪"和"做人"这两个知识是如何跨界的。

涟漪：它的产生是因为风或小石头的外力作用，从而产生了运动的能量。而水自身又有表面张力，这种张力会阻止涟漪的产生。

解耦知识的底层组件：外力、波动、自身张力、抵御。

解耦底层组件后，将其套用到另一个知识上：做人的修行——诱惑、动摇、自制力、抵御。

做人：人会遇到外在的诱惑，诱惑会让人内心动摇。但是人又具有自制力，自制力会让人抵制诱惑。

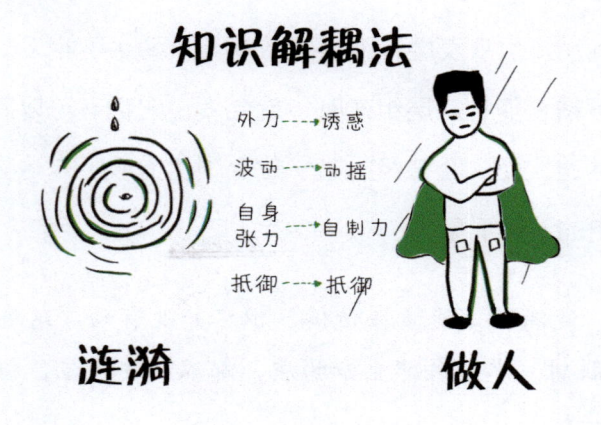

知识解耦法

外力 ---→ 诱惑
波动 ---→ 动摇
自身张力 ---→ 自制力
抵御 ---→ 抵御

涟漪　　　做人

第5章　EXCHANGE——跨界交互

再做一个跨界试试，让我们尝试把涟漪的物理知识套用到企业的生产经营上。

企业经营：外力、波动、自身张力、抵御可以分别套用为市场的新产品竞争、带来组织内原有的产品销量波动、守住自身产品的核心品质、抵御新品的冲击。

此刻，3个完全不同领域的知识完美地实现了跨界迁移。

所以，你可以用这个**解耦-复制**的思路做各种知识之间的跨界。让我们再试着将一个化学知识跨界到另一个领域。

钻石和铅笔：钻石和铅笔的成分都是碳分子，只是排列方式不同，所以一个是昂贵的钻石，另一个是普通的铅笔。

解耦底层组件：同样的成分—构成方式不同—物质就不同—价值不同，说明存在方式很重要。

如果把这个知识组建跨界到职业规划上，怎么做？

| 这么学习，GREAT! |

复制底层组件：同样的你—处于不同的环境—经历不同的锤炼—创造的价值也不同，说明站位很重要。

继续，我们再从职业规划跨界到团队管理试试。

复制底层组件：同样的一批优秀人才—组队方式不同—整体团队的能力优势不同—创造的工作价值也不同，说明团队成员的特点组合互补很重要。

第5章 EXCHANGE——跨界交互

知识拓展

ORID 焦点讨论法

这是一种对知识进行梳理的结构，这样的结构可以帮助我们全面地表达对一个知识的认知。特别是当需要跟别人交互观点时，这样的结构有利于大家在统一的维度上充分交流，没有遗漏。例如，我们刚刚学习了"创新对企业竞争力的影响"方面的课程。我们可以要求参与者这样交流：

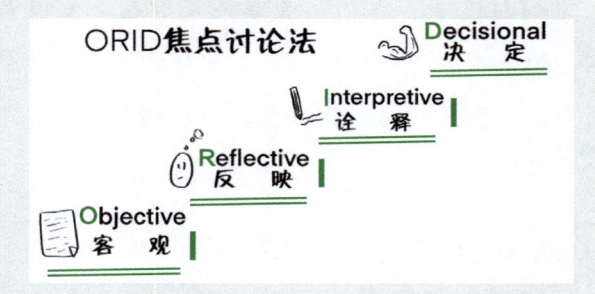

ORID焦点讨论法
- Decisional 决定
- Interpretive 诠释
- Reflective 反映
- Objective 客观

Objective：看到、听到的事实是什么？

学习了很多因为创新而在竞争中脱颖而出的案例，也学习了一些因为缺乏创新而走向灭亡的案例。

Reflective：有哪些感受？

创新对一个组织来说是一个重要但又貌似不紧急的事情。很多企业都说要打造创新能力，但缺乏实际行动。可是，当企业意识到创新迫在眉睫的时候，就已经晚了。

Interpretive：有哪些延伸的启发、思考？

不是企业不重视创新，只是大家习惯性地把精力和资源投入到正在带来利润的产品上，而忽略了创新探索。我们不需要人人创新，时时创新，但是可以让一部分人把一部分资源投入到创新上来。在第一曲线收益良好的时候，就同时布局第二增长曲线。

Decisional：带来的决定是什么？

我觉得可以在公司的每个事业部都建立一个专门负责创新的团队，专人专款专项，哪怕投入有限，但是贵在有人在实实在在地做事，持之以恒地探索创新。

第5章　EXCHANGE——跨界交互

当你跟别人交流，又一下子不知从何说起的时候，试试用ORID框架。

敲黑板

☆ 跨界交互，是知识学习的第二层复利。
☆ 跨人际的交互可以打破个人经验视角的局限，获得更多元的认知。
☆ 跨学科的交互既能开发大脑，又能汲取整合多领域知识的精髓。
☆ 同类整理法可以让更多人畅快、高效地沟通。
☆ 归纳类比法可以将一个知识的底层原理跨界套用到另一个领域。
☆ 知识解耦法可以将一个知识的底层组件迁移到另一个领域。

| 这么学习，GREAT! |

想一想 试试将"中国画中的留白"这一审美归纳类比到时间管理上，能给你带来什么启发？

第 6 章

ASSIMILATE——
吸收重构

致知在格物，物格而后知至。

> 吸收重构是让新知与已知产生复利的过程，它不是简单的知行合一，而是"知—行—再知"。从知到行，需要的不仅仅是足够多的书面知识，更需要勇于实践的信念。在实践中，你要融入独一无二的场景，将不同的知识融会贯通，纳新结晶。

让知识之间发生结晶的复利

此刻，我们学了新知识，经过"与自身实际情况产生复利的反思联结"和"产生复利的跨界互动"两个环节后，我们对新知识有了深刻、具体又充分的理解。是时候将它化为己有，为己所用了！这就是我们常说的知行合一！

从知到行的重要性，我相信大家都有深刻的理解，此处不再赘述了。但是，我想特别强调的是，**知行合一只是浅层次的"学会"，只有"知—行—再知"，才是真正意义上的理解和掌握。**

美国知名心理学家、教育学家布鲁姆在教学目标分层这个模型中展现了学习者在学习一个知识时应该达到的6个层次，分别是：**记忆**，指对具体事实、方法、过程、理论等的记忆；**理解**，指把知识通过转换、解释和推断等方式

第6章　ASSIMILATE——吸收重构

加以理解；**应用**，指把学到的知识应用于新的情境中，解决实际问题；**分析**，指把复杂的知识整体分解，并理解各部分之间的联系；**评价**，指对材料（如论文、观点、研究报告等）做价值判断的能力；**创造**，指能够在所学知识的基础上演绎出新的内容和理解。从知到行只达到了布鲁姆教学目标中的底部4层，还要能够再知，从而上升到第5层和第6层。

布鲁姆教学目标分类

（金字塔图：从顶到底依次为 创造、评价、分析、应用、理解、记忆）

在企业里，就有很多这样的专家高手，他们学习能力强，知识和经验都很丰富，非常善于解决问题。但是，伴随着中国企业的崛起，越来越多的组织渴望萃取自己特有的经验方法，形成自己的方法论和组织智慧，因为从外面引进的知识多少都有些不适用于自己。特别是有些公司已经是行业翘楚，谁能再教它们如何做行业老大？这个时候，问题就来了——很多专家只善于实践，却不善于重构知识。犹如一个人当了多年的老司机，一直开的都是别人的车。对于这种趋势，从一个现象上就能很明显地看出端倪：

曾几何时，中国企业很是膜拜咨询公司，如麦肯锡、毕马威等知名咨询公司。咨询费不菲，花费上百万元甚至上千万元做一个咨询项目都是很平常的操作。甚至一些大企业，干脆收购一家咨询公司，专门为自己服务，因为这些咨询公司多年专注于某些领域的研究，掌握了大量的先进方法论和实操案例。

但是，近几年咨询公司都纷纷表示业务不好做了，因为中国的企业越来越聪明了，它们不再满足于从外面拿来一个现成的方法，而是渴望能自己著书立传，萃取自己的文化、流程、方法、专利。所有这些只能植根于企业特有的土壤和实践，从外面买不来，咨询公司也帮不上大忙。可是，企业又面临一个问题——自己的知识重构能力不足。

| 第6章　ASSIMILATE——吸收重构 |

因此，就发生了一个有意思的现象：很多咨询公司开始聘用一些在企业里实干多年的人来做顾问，哪怕他们没有经过系统的训练，也不太会写PPT和方案；而咨询公司的顾问也有很多回流到企业里去工作，哪怕他们的实操经验不是那么丰富。

这个现象的背后就是"知—行—再知"的需求循环，也就是本章要谈的"Assimilate——吸收重构"这个环节。

勇于实践　纳新结晶

勇于实践，你就专业了

古话说："纸上得来终觉浅，绝知此事要躬行。"作为一个专职从事成人学习和教育的培训工作者，我对这句话有着更加深刻的理解。"纸上得来"和"躬行"都是成为

| 这么学习，GREAT！ |

高手的方法，两者没有固定的出场顺序。不是非要把书本知识都学会了，看尽了，才能去"躬行"。在学习和实践的路上，也可以小步快跑，灰度发布。

我见过这样的学习者，他们对新知识的敏感度和获取能力都很强，对行业里最前沿的一些方法、技术、趋势都很热衷于去追随，也舍得花钱买书、报班，为自己进行知识投资。但是，他们仍然总觉得自己不够专业，处于一种学习焦虑的状态。一旦听到什么新概念就迫不及待地去学，看到行业里的专业"大佬"，很是钦佩羡慕。注意，这不是谦虚，他们是真的觉得自己不行。

就以我最熟悉的培训工作为例，这个工作链条中有很多环节：规划、分析、设计、组织、实施、评估……这其中，最有挑战也最为核心的就是站在讲台上讲课，堪称培训行业的"最后一公里"！这对讲师的学识、经验和控场能力都有很高的要求。我接触过一些培训伙伴，他们听了很多课，什么培训技巧、引导促动技术、教练技术、领导力、战略规划、创新……他们都学了，可就是不敢上场操练，总觉得自己还不够有把握！听完我讲课后，他们就会追问："芭蕉老师，我什么时候也可以像你

第6章　ASSIMILATE——吸收重构

那么专业啊！"我总是会说："现在就可以啊，你知道的已经足够多了，就差上场练一练了。其实我并不比你专业，我只是比你胆子大，脸皮厚，敢上场而已。我上场操练的时候，还不如你现在知道得多呢。我也丢了很多次人，失败了好多次，但一回生二回熟，做着做着就会了嘛。"专业与不专业之间，只差你干没干过。干过，就是专业；没干过，就是不专业！

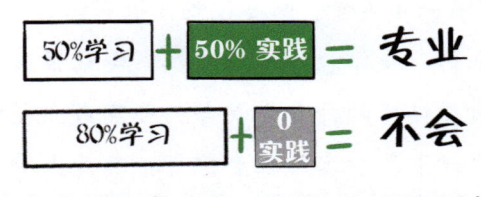

50%学习 + 50% 实践 = 专业

80%学习 + 0 实践 = 不会

专业与不专业的区别在于干没干过

我经常跟团队里的小伙伴说一句话："你看，咱们公司那么多部门呢，你就大胆去讲。先给营销部门讲，第一次讲不好，大不了以后就再也不和营销部的人碰面呗，再去给研发部门讲就好了嘛。这么大的公司，讲不穷的，只要你敢卷着袖子上！"

学习50%+50%实践=专业，学习80%+0实践=不会。

纳新结晶

本章开篇我就有提及,"再知"是更高的学习段位。有个词叫"吐故纳新",但在学习这件事情上,我要反对这个观点。**好不容易积累的已知,融合了大量的实践和体验,买了好多教训,太珍贵了,不能丢弃。必须留着,等着与新知识相遇,结晶出更新的知识。**这个结晶的过程不是简单的1+1=2,而是1+1>2的化学反应。

广东有一道美食,叫姜撞奶,很有意思。姜汁,液体;牛奶,液体。讲究的店铺,会让服务员当着食客的面直接将两种食材混合,秒变成豆花状的固体。不明就里的食客往往会惊讶:真是太神奇了!这就是两种物体的结晶过程。

纳新结晶

姜汁　牛奶

姜撞奶

两种知识"撞"在一起时,也是可以结晶的。在2020

第6章　ASSIMILATE——吸收重构

年的新冠肺炎疫情中，我们国家的防疫、治疗都走在了全球的前列，其中中西医结合的治疗方法立了大功。中医和西医的结合就是典型的知识跨界。我曾听张伯礼院士在采访中这么解释：

> 一个房间里有好多垃圾，滋生了蚊蝇。西医的策略是制造各种厉害的杀虫剂，把蚊蝇灭掉；中医讲究的是不管蚊蝇怎么被杀死，我只要做到没有垃圾就好了。没有垃圾，蚊蝇就没有了赖以生存的土壤。所以中医调理养护身体的基础免疫力。一个治标，一个治本，标本结合！

将自己的已知和新知相结合，纳新结晶的过程就像姜汁撞上牛奶。不要觉得构建新知是很难的事情，好像它应该专属于大学教授或科研人员一样。再具有突破性的研究都是在过去知识的基础上，一点点升级产生的，就像牛顿说的："我是站在巨人的肩膀上的。"每个学习者都应该具备这种意识去重构知识，你只要开始做，就一定有可能成功。**就凭一点——你具有独一无二的实践场景和环境。**任何一个知识理论在不同的应用中都会形成不同的体验和经验。就好像每个中国妈妈都有一套制作红烧肉的秘籍一样，虽然流程基本相同，但细节总有差异，毕竟一个家庭一个口味。举个例子：

关于项目管理的思想，多年来全球最流行的考试就是PMP。相关的知识理论在那套很厚很厚的教材里已经说尽了。可以说，20世纪，大家都在遵循传统的项目管理思想。但是，近20年，在软件开发领域兴起了敏捷项目管理的方法。从下图中我们能大致看出来传统项目管理与敏捷项目管理两者的差异。

传统项目管理

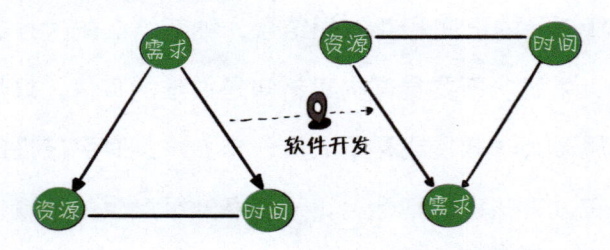

敏捷项目管理

3个角的元素都一样，资源、时间、需求，只是摆放的位置不同。因为在工业时代的项目开发中，涉及很多硬件资源，很费钱，不能轻易地尝试和重来。一个需求必须经过充分论证后才开始去实现，

第6章　ASSIMILATE——吸收重构

所以项目管理是靠需求推动资源和时间的管理。但到了软件时代，消耗的大部分是人力成本，不太消耗硬件资源。而且软件的需求差异大，个性化高，需要经常迭代。所以只要在预定的资源和时间范围内，能多尝试几次就多尝试几次，敏捷迭代。**传统项目管理+软件开发的特性=敏捷项目管理。**

吸收重构的两种方法

方法1　练习性实践——实践的正确打开方式

当我们开始实践应用新知识的时候，并不意味着扎进去。在应用新知识的初期，需要格外讲求方法。此时的实践与跟我们完全掌握知识之后的驾轻就熟不同，它应该是练习性的实践。

在《刻意练习》这本书中，作者认为，有目的练习应该具有定义明确的特定目标，是专注的，有目的的练习包含反馈和走出舒适区。

| 这么学习，GREAT！ |

就像拿到驾照之后到独立开车上路之前的陪练环节，这是个非常典型的练习性实践环节。对这个过程，可以分3个步骤：**场景练习—反馈纠正—输出最小可行产品。**

场景练习

前面也提到过，知识的学习、反思和应用都应该在真实场景下进行，实践环节自然也是如此。

你会发现优秀的陪练其实是个专业活，陪练的价值可不仅仅是陪练师傅坐在副驾驶座上，帮你踩个副刹那么简单。陪练师傅首先会根据你的出行需要，帮你规划几个典型场景。包括：红绿灯很多的小路、单行路段、北京三环主路和辅路、高速路、下雨天、夜间……

以上这些丰富又真实的场景可以保证学习者进入实战环境后不会感到陌生，实现无缝衔接。

反馈纠正

在练习性实践环节中，最有价值的就是及时反馈了。我们在观看海豚表演时会发现，海豚做得好，饲养员立刻

| 第6章　ASSIMILATE——吸收重构 |

喂它们小鱼，这就是正向反馈。没有反馈，再怎么练习也只不过是错误动作的多次重复罢了。所以，一定要为练习性实践设计好反馈的通道，可以请旁人观察反馈，也可以自己反思觉察。

练习开车的时候，每次换挡、打轮，甚至你眼睛看的方向，都在陪练的关注范围内。我还记得自己第一次上车，兴冲冲地打算上路驰骋，结果半小时过去了，还在原地没动，陪练师傅还在纠正我怎么调整座椅，怎么看镜子，脚掌和脚后跟放在什么位置。

练习性实践法

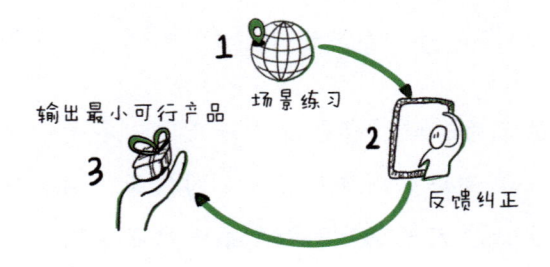

1. 场景练习
2. 反馈纠正
3. 输出最小可行产品

在这个环节，反馈甚至要比练习本身更重要。反馈方式的精准程度、反馈者的经验和水平都直接影响了学习者的练习效果。如果没有条件安排他人反馈，至少也要让练

| 这么学习，GREAT! |

习者自我觉察。几乎所有的舞蹈练习室都配有整面墙的镜子，就是为了让舞蹈演员能够随时观察自己。

我在训练企业内训师在讲台上如何合理地安排肢体、手势和眼神时，就会用手机把他们演讲的过程拍下来，事后邀请演讲者自己反复观看，查找问题。效果非常好，有些内训师站在台上会有撩头发、抖腿的小动作，他们看完录像后，不用我提醒就再也不犯了。

输出最小可行产品

要想验证练习性实践的效果如何，还必须输出一个最小可行产品（Minimum Viable Product，MVP）。这个成果可以很小，但必须完整闭环。

练车的时候，我也练了好几次，不是一次练就的。每次都会重点练习某方面的技能，同时陪练师傅也会让我完整地开一圈。第一次在家附近绕一小圈，哇，我终于体会到驾驭车的成就了；第二次就围着鸟巢在周边转一大圈，我感觉自己能力精进了……陪练师傅每次都让我做完分解动作的练习后，完整地开一段路。

第6章　ASSIMILATE——吸收重构

最小可行产品的输出不但可以系统地对练习者的知识掌握情况进行验证，同时也能大大增强练习者的信心。毕竟，看着新知识很快地转化成成果，是非常令人兴奋的。

方法2　知识的提纯重构

我20年前刚入行做培训的时候，会接受很多TTT课程的训练，很多课程都会提到一句话："太阳底下没有新鲜事，排列组合就是新道理！"这句话告诉我们，无须刻意地追求创新，把已有的知识重新排列也是一种创新。就像乐高玩具，基本组件就那么多种，到了孩子手里就可以组合出无穷的花样。所以，知识的吸收重构过程就像搭乐高，先提纯各种知识的基础组件，再打乱重构。

水一路奔涌，直到遇到沙漠，穿不过去了。怎么办？那就把水分子打散，变成水蒸气升到空中。然后组合成云，再变成雨或雪，落下来，再流向大海……这一路，水分子和不同温度的空气几次三番地组合，每次呈现的形态都可以应对不同的环境。

在这个过程中，你可以按照"**A知识提纯—融入场景—B知识提纯—组合重构**"这4步来实现。

| 这么学习，GREAT! |

提纯重构法

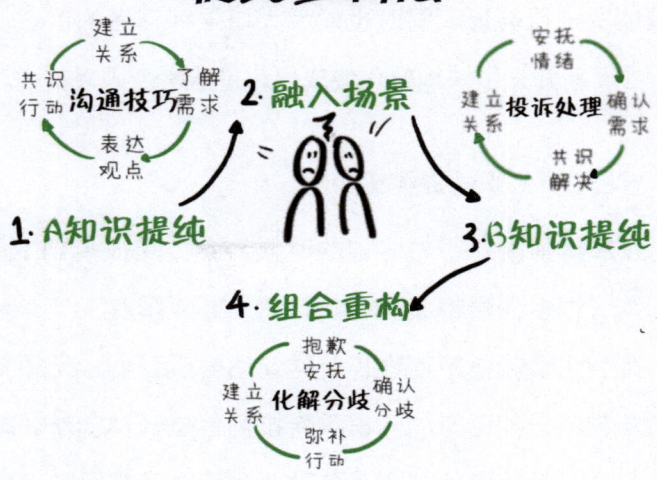

（图示：
- 左上圆环：沟通技巧 — 建立关系、了解需求、表达观点、共识行动
- 右上圆环：投诉处理 — 安抚情绪、建立关系、确认需求、共识解决
- 下方圆环：化解分歧 — 抱歉安抚、建立关系、确认分歧、弥补行动

1. A知识提纯
2. 融入场景
3. B知识提纯
4. 组合重构）

A知识提纯

任何知识都是由底层组件组成的，这一点在第4章已经讲过，我们可以先把底层组件提取出来。举个关于在公众场合沟通的案例。

沟通类知识的提纯：与对方建立关系、了解对方的需求、表达你的观点、探讨共识行动。

第6章　ASSIMILATE——吸收重构

融入场景

从A知识到B知识的重构，不能简单粗暴地做A+B，而是通过场景来转化。

公众场合沟通场景：例如，电梯里突然遇到领导，领导问你最近工作怎么样。一分钟的电梯"共度"时间，你怎么说？再如，在工作中，你与伙伴就一件事产生了分歧和误解，怎么办？在下文中，让我们暂且选定这个化解分歧的场景。

B知识提纯

化解分歧其实与处理客户投诉有共同之处，于是我就去研究了呼叫中心处理客户投诉的教程。

客户投诉的知识提纯：安抚情绪（对造成的困扰道歉）、确认事实信息、共识解决方案、建立关系（感谢您一直以来的信任，还请继续支持）。

组合重构

将沟通和处理投诉重新组合成化解分歧和误解的场景。

| 这么学习，GREAT! |

分歧场景中的沟通策略：抱歉安抚、把握听众的需求+确认事实信息、既有态度又有行动+提出解决方案、建立情感共鸣+请客户继续支持。最终，我们将它归纳为一个新的沟通框架：**抱歉安抚+确认分歧点+弥补行动+建立关系**。

让我们试试这个场景：有一天你工作很累了，想去茶歇室接杯咖啡，你一边琢磨着工作，一边直奔咖啡机，按下按钮就接了一杯。这时你才发现，啊呀！旁边有个美女一脸不满地看着你。她手里拎着装咖啡豆的袋子，原来咖啡机里没有咖啡豆了，她刚加完，就被你抢先了。这时你怎么办呢？你可以这样说：

抱歉安抚：啊呀，不好意思，我没有看到你在这里，我脑子里光想事了。我的错，我的错。

确认分歧点：你是要接咖啡吧？拿铁还是美式？

弥补行动：好巧，我也接的美式，来，先给你，我还没有喝。（另一种可能：哦，你是要拿铁啊，来，我帮你接，打不打奶泡？）

建立关系：你也是在这一层办公吧？我也是。我

| 第6章　ASSIMILATE——吸收重构 |

是人力资源部的，你是？哦，你是法务部的啊，就在我们旁边，改天一起喝咖啡哈，我是咖啡控呢！（另一种可能：哦，你不在这里办公啊，你是来开会的。我就在这层办公，你下次过来开会提前跟我说，我提前给你接好咖啡。）

沟通知识+分歧场景+投诉处理知识=化解分歧三步法。

GREAT深度学习法也是我对知识的一次重构，是我在汲取了库伯学习圈、金字塔、"721"等各种学习理论的基础上，融入个人和团队的学习场景后，纳新结晶出的一套学习方法。

> 知识拓展

焦点法

焦点法是以一个预定的事物为中心焦点，依次与罗列的各元素强行构成联想点，寻求新产品、新思想的方法。焦点法的特点是从两个不相关的事物中找到启发和灵感，刻意训练我们的关联和创新能力。

焦点法的操作程序如下。

第1步，确定目标A（如杯子）。

第2步，随意挑选与目标A风马牛不相及的事物B（如帽子）作为刺激物。

第3步，解耦事物B的所有属性，如可折叠、毛线材质、可以戴、能伸缩、分男女款和大小号等。

第4步，以A为焦点，强制性地把B的所有属性与A联系起来产生强制联想。例如，可以折叠的水杯、布制

第6章 ASSIMILATE——吸收重构

的水杯、可以当帽子戴的水杯、可以伸缩的水杯、一家三口不同风格的套装水杯等。

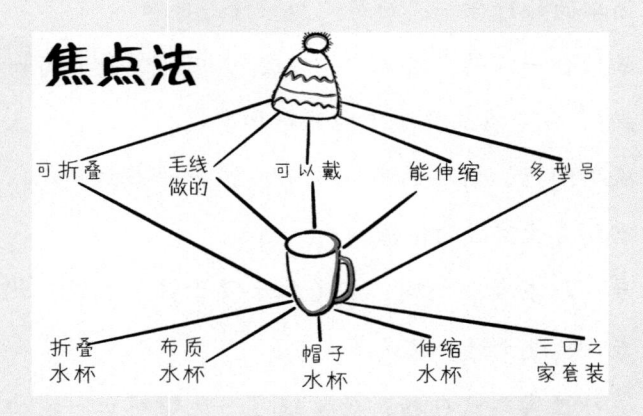

焦点法

- 可折叠
- 毛线做的
- 可以戴
- 能伸缩
- 多型号

- 折叠水杯
- 布质水杯
- 帽子水杯
- 伸缩水杯
- 三口之家套装

敲黑板

☆ 吸收重构是让新知与已知产生复利的过程，它不是简单的知行合一，而是"知—行—再知"。

☆ 知行合一只是浅层次的"学会"，只有"知—行—再知"，才是真正意义上的理解和掌握。

☆ 从知到行，需要的不仅仅是足够多的书面知识，还需要勇于实践的信念。

☆ 专业与不专业之间，只差你干没干过。干过，就是专业；没干过，就是不专业！

☆ 练习性实践法包括：场景练习—反馈纠正—输出最小可行产品这3个步骤。这个方法可以在正式应用知识之前提供一个安全的实践环境，并将重点放在反馈纠正上。

☆ 提纯重构法包括A知识提纯—融入场景—B知识提纯—组合重构这4个步骤。独一无二的场景应用让每个学习者都有机会将不同的知识融会贯通，纳新结晶。

第6章　ASSIMILATE——吸收重构

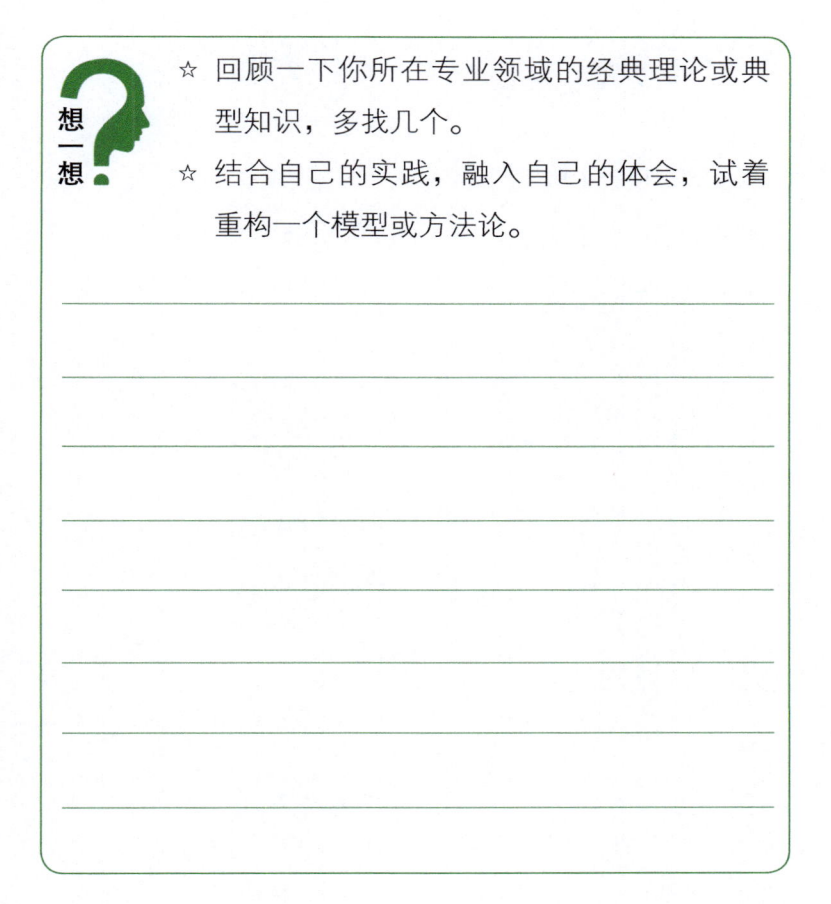

想一想

☆ 回顾一下你所在专业领域的经典理论或典型知识，多找几个。

☆ 结合自己的实践，融入自己的体会，试着重构一个模型或方法论。

_____

_____

_____

_____

_____

_____

_____

第 7 章

TRANSFORM——
转化输出

学,然后知不足;教,然后知困。

> 转化输出,是将知识从自己知道到让他人知道的复利过程。学习者通过自我梳理和澄清,将隐性的知识经验提炼成显性的公式套路进行分享,在分享的同时借助外界反馈来修正和强化自己的所学。转授他人是学习的最高境界,所以,是高手,就大声说出来!

通过己知使他知产生复利

在吸收重构之后，新知识在学习者这里基本上就形成了一个升华和闭环，普通的学习者大都止步于此。但是卓越的学习者一定要进入最后一个阶段，那就是Transform——转化输出。**这是自我澄清和强化的过程，也是对外向他人进行知识输出的过程，他人的反馈会进一步增强学习者对知识的理解和掌握。**

有很多专业人士认为只要自己会做或只要自己知道就好了，忽视了对外输出，甚至不屑做这类事情，觉得那都是眼高手低、张扬、爱表现的人干的事，真正的高手都是隐而不发的。

在2019年新东方公司的年会上，一首《放飞自我》把善于写PPT的人推上了风口浪尖，正如歌词中所说的："干的活累死累活，有成果那又如何，到

第7章　TRANSFORM——转化输出

头来干不过写PPT的。"当时网上一片哗然，各种热议。整体的舆论导向都是感叹会干活的不如会说话的讨巧。

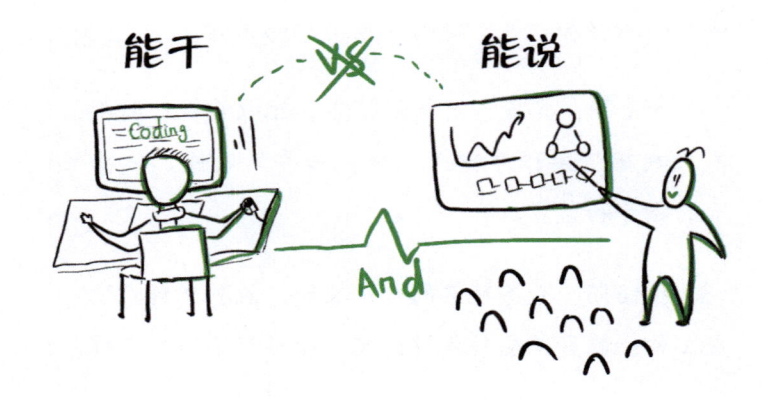

可是我想说，会干不会说，是谁的错？是会写PPT的人的错吗？当然不是，这是只会干不会说的错。一个卓越的学习者有义务对外输出自己的成果，有责任让他人更好地复制和习得。这不仅仅是态度问题，更是能力问题。

我曾研读过很多企业的专业人员任职资格，包括华为、阿里、京东、腾讯等大企业……不管这些组织如何划分专业级别，但是对高层级的专业人士都无一例外地有个要求——能够将知识对外输出并转授他人。

| 这么学习，GREAT! |

田志刚在他的《卓越密码：如何成为专家》一书中对专业人士的进阶做过归纳，在这里分享给读者。

探索期：具备基础知识，方向和专长不清晰；在他人的指导和监督下能够开展简单的工作。

新手期：具备一定知识技能，能做常规、简单的基础判断，按程序独立工作；必要的时候，需要他人的指导和监督。

胜任期：具备娴熟的知识技能，能独立自主地完成工作；能灵活应对各种情况；能够指导他人工作。

高手期：能够完成复杂和具有挑战性的任务；能够预见和防范风险；能够有效地赋能他人。

专家期：发起技术变革和创新，优化流程；洞悉发展趋势，被视为专业权威。

为什么在所有对专家高手的衡量标准中都有"向他人分享赋能"呢？因为转授他人本身就是学习的一个方式。

埃德加·戴尔的研究成果"学习金字塔"中用具体的数字显示了学习者采用不同的学习方式，再看他们两周之

第7章　TRANSFORM——转化输出

后还能记住多少内容（学习内容平均留存率）。学习效果在30%以下的几种方式，都是个人学习或被动学习；学习效果在50%以上的几种方式，都是团队学习、主动学习和参与式学习。**转授他人是学习的最高境界！能讲给别人听，那才是真懂。**

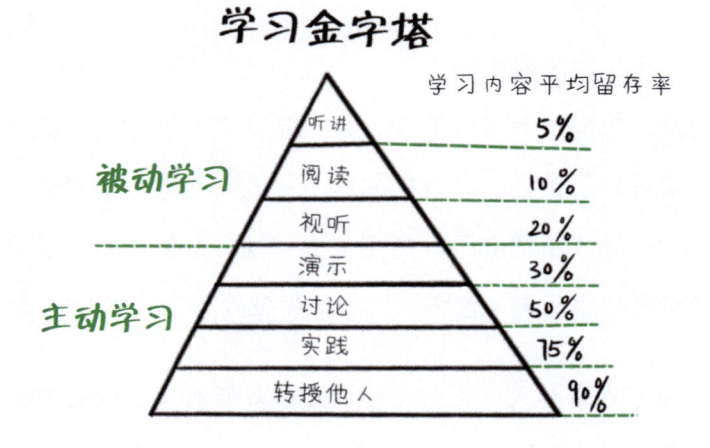

学习金字塔

学习方式	学习内容平均留存率
听讲	5%
阅读	10%
视听	20%
演示	30%
讨论	50%
实践	75%
转授他人	90%

被动学习：听讲、阅读、视听、演示
主动学习：讨论、实践、转授他人

知识的转化呈现能力对专业人士而言，就像木桶里最短的那块木板。做得好，如虎添翼；做不好就将成为职业发展的掣肘。

| 这么学习，GREAT! |

提炼套路　昭告天下

提炼套路

有句话说得很有意思："我们此生走过最长的路就是套路！"乍一听是贬义句，但我觉得有套路才是正路子。我常常开玩笑说："我的兴趣就是左手吸收很多套路，右手再结晶成新的套路，向全世界传播。"我特别希望自己有机会能网罗天下套路。让我们先感受一下套路的魅力。

在表彰大会上上台领奖是很多职业人、学生都会面临的场景，每每这个时候，领奖人都要发表领奖感言。关于如何发表一段简洁又有力量的感言，我问过很多人。大部分人都会说：感谢……感谢……再感谢……似乎除了感谢，也没有更多的招数了。下面来看看我总结的这个套路好用不好用吧！

感谢：感谢领导，感谢兄弟部门的支持，感谢团

第7章　TRANSFORM——转化输出

队的伙伴……

忆苦：今天的成绩来之不易，我们经历了客户的不解，面临着同行的压力，连续×天奋战在……

思甜：但是，一切都是值得的！我们实现了……见证了……收获了……

展望：未来，我会再接再厉。同时，我也相信，台下的你们也会和我一样登上这个领奖台！

感谢+忆苦+思甜+展望，构成了发表领奖感言的套路，简单好理解，清晰容易记。

领奖感言二 感谢+忆苦+思甜+展望

再举个例子，就算再简单的一招，也透着满满的套路感。

| 这么学习，GREAT! |

京东的配送员承担着"最后一公里"的重任。配送员的妥投时效不仅决定了他们的收入，也决定了京东的竞争力。普通的配送员，一天平均配送100件左右，但是优秀的配送员能高出很多，而且稳定保持在这个水准。我曾访谈过绩优配送员，问他们到底是怎么做到的。他们一开始都是羞赧地搓搓手，说："嗯，主要靠价值观正。"但在我深度挖掘后，他们说："配送路线的安排是很重要的，不绕路、省时间，还要安全。**所以要把每天的配送路线设计成一路向右转！**"你一定听懂了，向右转不等红灯，不过马路，省时又安全。"**一路向右转**"就是**流传在京东配送员中的套路**，师傅告诉徒弟，站长告诉站员，口口相传。

什么是套路？套路就是被你多次实践验证后，将隐性知识显性化的过程，是在具体实践的基础上，**抽象提炼出来的成功公式**。

昭告天下

有了套路，不要藏着掖着，要说出来，向天下宣告。这不是为了炫耀，而是一个自我澄清、梳理、强化的机

第7章　TRANSFORM——转化输出

会，同时还能通过外界的反馈将其修正迭代。

女儿刚上学时，我作为老母亲也是操碎了心，每天放学都会想盘问她今天学了什么。一开始，我也跟大部分父母一样，问："你今天学了什么呀？"她起初还会饶有兴致地讲给我听。次数多了，她就厌烦了。后来我尝试着换了个思路，我邀请她每天回来当小老师，让她将她学的东西教给我或姥姥。我还真为她准备了一个小白板，当她开始做小老师的时候，她不但会认真讲，还会在讲之前仔细梳理该怎么讲，这样不仅使她巩固了知识，澄清了盲区，还能获得为人师的成就感。

所以，是高手，就大声说出来！

转化输出的 4 种方法

方法 1　知识建模

其实套路的背后是知识建模的过程，建模会让套路更好地表现出来。下面介绍几类常见的建模方法。

| 这么学习,GREAT! |

图形建模

用图形演绎套路,会让表达更有层次和画面感。给大家举几个例子。

时间管理矩阵

对职业人士来说,这个矩阵并不陌生,大部分人一提到时间管理的方法,首先想到的就是四象限矩阵。按照重要和紧急的维度,将日常事务分成4个类型。这种方法形象又直观,还容易记忆理解。

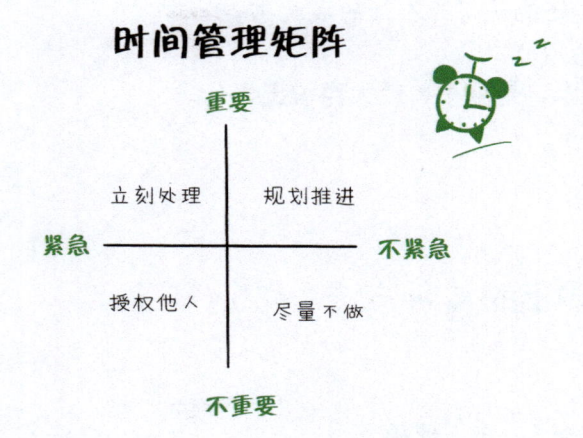

时间管理矩阵

```
              重要
               |
     立刻处理  |  规划推进
               |
紧急 ——————————+—————————— 不紧急
               |
     授权他人  |  尽量不做
               |
              不重要
```

第7章　TRANSFORM——转化输出

小房子

我常开玩笑说："没有画过小房子，那就不算写过像样的规划案。"这个小房子几乎可以囊括各种系统和机制、组织和架构……房顶一定是企业的战略目标，支柱往往是核心的流程和职能，地基通常就是平台和支持性活动了。

房子模型

战略目标

| 产品研发 | 生产制造 | 市场营销 | 售后服务 |

内控法务

人力行政

财务审计

口诀建模

朗朗上口的口诀也特别有效，特别是配合中文的押韵语境，那就更有记忆点了。举几个例子。

灭火器的使用口诀是：一摇、二瞄、三拔、四压。简单的8个字，步骤清晰，要点明确。

| 这么学习，GREAT! |

汉语拼音中有个口诀：jqx小淘气，见到鱼眼就挖去。

还有将口诀与动作相结合的建模。例如，记忆月份的天数时，可以配合两个拳头。

一三五七八十腊，三十一天永不差，四六九冬三十天，平年二月二十八。

拳头记月法

英文建模

对于受众认知水平较高的知识领域，使用英文单词首字母的缩写，然后组成一个更有意义的单词，也是很好的建模方法。

人才发展领域有一个TOP模型：Talent是指一个

第7章　TRANSFORM——转化输出

人的才能，Organization是指组织的需要，Passion是指做事的热情。当三者合一的时候，就是一个人取得职业发展的最佳契机。

职业发展TOP模型

本书介绍的GREAT深度学习法，其实也是我构建的英文口诀。

方法2　写点东西

写点东西，关键是写出来，而不是写很长的篇幅。写东西的方式有很多，微博、微信朋友圈、公众号、抖音短视频……如果不想发布，还有很多笔记型的App。只要你想写，不用在乎内容的长短。等你真的下笔写的时候，会发现你脑子里的想法和真正表达出来的东西是有差距的。这种差距并不在于文笔有多好，而在于我们的理解有多深。我平时很爱发微信朋友圈，小伙伴们戏称我为"鸡汤一姐"。我发朋友圈的动机是迅速记录不经意间产生的想法或感悟，为了澄清思路，干脆写下来。这样不但可以记录表达，还可以借助朋友圈的点赞和评论来验证反馈。

我认识一个老师，他在做自由职业之后，很快就出了书，他说他的成功之道就是常年笔耕不辍。从博客时代，他就在写东西。那个时候纯粹就是写，没有太多的关注好友，也不在乎内容的长短（140字的限制也写不了长篇大论）。总之，一有感悟就写下来。等有了微信、微博后，他又把博客的文章转到微信和微博上去，顺便优化润色。再然后就是把这些碎片的文章梳理整合，直接出书了。

方法3　做一次演讲

讲述就比纯文字更进阶一级了，你可以在部门里给小伙伴讲，可以在专业领域的论坛峰会上做一次正式演讲，也可以向朋友家人讲，还可以在视频号里讲。从平面化的文字到融入自己情绪的演绎，你通过语气和表情诠释重点……不但使别人听到了，也使你自己听到了。让自己听到的过程会让你有机会再次感受自己的观点，对之印象深刻并更加坚信。

第7章　TRANSFORM——转化输出

我们发现一个有意思的现象，很多人在发完微信语音后，都喜欢回放一遍。明明是自己两秒前才讲完的话，为什么还要再听一遍？因为这个听的过程会让我们更加清晰和确定。

方法4　形成应用工具

将我们脑海中的知识转化成简单、易用、可复制的工具表单、模板、清单列表等，是最直接的输出。对受众来说，他们可以拿走就用，减少思考和转化。很多企业里都有SOP、SOC、模板库、话术清单，这就是工具。有时候我们不太需要让受众变得和自己一样专业，他们只要会应用就好了。

我们在应用一些海报制作软件时，会发现这类软件已经预先加载了各种模板和选项。例如，先让你选个场景，是产品宣传呢，还是节日大促？抑或是旅行纪念？选定场景后，系统又会弹出几个模板，大概率就是横构图、竖构图、文字环绕图片等；然后就是配色、字体……每个步骤的选择都不会太多，要想个性化定制那肯定是不行的，但是对一般的小白用户而言，足够应付他们一般的需求了。这种傻瓜式菜单选择的背后，其实是一个海报设计的专业思路：需求场景、图文素材、颜色配置、字体润色……但是软件没有事先给应用者上一堂课，系统地讲解这个过程，而是将其简化为一整套菜单工具。

当我讲如何设计一门课程的互动活动时，也是如此。

想让做技术、做营销的业务专家理解教学互动设计背后的原理和内涵是需要花很多时间的，不如直接提供一个清单。即使没有讲课经验的内训师，只要在每个大的授课环节里挑一个，就能快速组合出一门课程来。

第7章　TRANSFORM——转化输出

激发兴趣
- 权威引述
- 体验游戏
- 榜样故事
- 错误案例
- 数据揭秘

先体验
- 回顾场景
- 自我评估
- 选择判断
- 案例反思
- 问答思考

呈现新知

后讲解

分类：
- 分类陈述
- 具体举例
- 图文并茂
- 模型口诀

讲解：
- 示范演示
- 分步讲解
- 错误列举
- 重点圈注

升华：
- 权威引述
- SLOGAN
- 典型人物
- 分享故事

再练习
- 小组讨论
- 案例分析
- 情境模拟
- 角色扮演
- 游戏活动

学以致用
- 结对分享
- 一张图看懂……
- 结束圈
- 做出行动承诺
- 布置课后任务

> **知识拓展**

4类常用的结构模型

在提炼套路时,套用或变形一些模型结构是很高效的方法。大家应该都用过PPT编辑软件中的SMART图形,里面有大量的现成模型,但是,套用图形的时候,挑战不在于到底是用三角形还是圆圈,而是厘清你想表达的内容本身是什么属性。我在协助很多业务高手萃取最佳实践和经验的过程中发现,以下4类是最为常见的内容逻辑。

分布组合

想表达的内容要素是在同一层面并列分布的,没有先后顺序之分。

并列:例如,在项目管理中,需要关注的资源要素有人员、资金、设备、时间等。

交叠:例如,在团队管理的激励策略中,有现金部分—弹性的现金—股票收益。

第7章　TRANSFORM——转化输出

顺序层次

想表达的内容要素本身有线性顺序和先后之分。

循环：如经典的 PDCA 这样的流程。但需要特别提醒的是，并不是所有的流程都会首尾相接，如果没有循环往复的内涵，不要轻易用环状闭合。

递进：例如，客服人员的职位进阶，客服代表—星级客服代表—二线VIP客服代表。不但有顺序关系，还有向上发展的内涵。

相互作用

想表达的内容要素之间有相互牵引的关系。

制衡：例如，一份商业计划中的风险和机遇之间就是这样的关系；有限的资源和无限的需求之间也是如此。

促进：多个因素可以促动和强化一个因素，如产品质量、价格、交付速度都会促进销售量的提高。

多维要素

矩阵：两个要素的两个极端相互组合成4种类型。时间管理是最常见的矩阵，还有在营销领域有名的波士顿矩阵等。

加权：多个要素在重要性和占比方面有所不同，如招生考试要从笔试、面试和实操等角度综合考察。

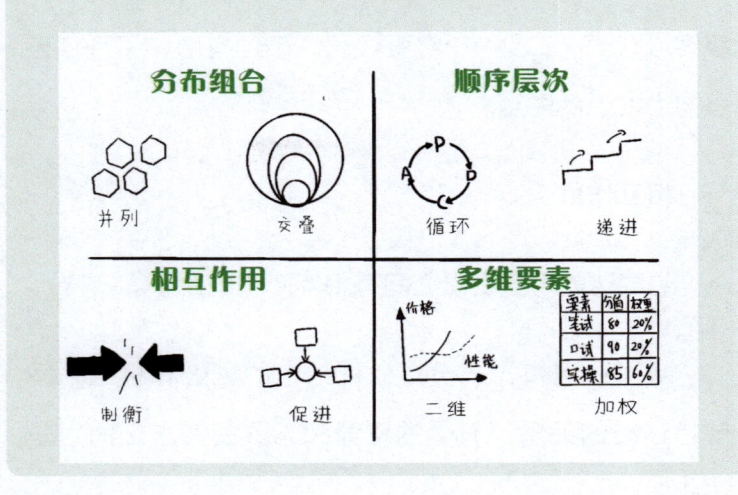

第7章　TRANSFORM——转化输出

敲黑板

☆ 转化输出是将知识从自己知道到让他人知道的复利过程。

☆ 在转化输出的过程中，学习者通过自我梳理和澄清，将隐性的知识经验提炼成显性的公式套路。

☆ 分享的同时也可以借助外界反馈来自我修正和强化。

☆ 转授他人是学习的最高境界，所以，是高手，就大声说出来！

☆ 转化输出的方法包括：知识建模、写点东西、做一次演讲和形成应用工具。

| 这么学习，GREAT! |

> **想一想** 尝试将你最擅长的某项工作背后的方法、流程或技巧萃取建模，输出一个可以向别人讲授的最小可行知识产品。

第 8 章
GREAT 在多种场景下的应用

知之者不如好之者，好之者不如乐之者。

> GREAT是一套学习流程，层层递进地解读知识，逐层叠加复利效应。GREAT也是一种学习观，它关注学习的内容和成果，关注学习者的情绪和体验，关注学习的过程和方式。这套学习法在个人学习、集体学习、团队共创和学习项目的设计中都可以被应用，从而提升学习的质量。

场景1　个体学习者读书学习

GREAT深度学习法首先可以被个体学习者广泛应用到读书、听课等学习活动中。成年人可以适用，孩子也同样可以。下面我就用看一本书来举例，分享这个方法的应用要点。

Get——获取新知

看书前先看目录是常规的动作，大家都有这样的习惯。我甚至还听一些学习者说，他们看书经常只止于看目录，看完目录就没有然后了。我想，之所以这样，要么就是内容不够吸引他们，要么就是他们没有掌握高效的阅读方法。

目录里有乾坤

现在的书都编排得越来越有可读性了。以前的书，目录大都只有第一章、第二章……以及每章下的几个大标

第8章　GREAT在多种场景下的应用

题。现在，很多书在目录上就有每章的主题句和内容梗概，作者的创作意图和内容梗概一目了然。

个人读书
- T：发个朋友圈·写篇长文
- A：导图梳理·重点提炼
- E：看书评·听解读
- R：做KWL笔记·自我设问
- G：看目录·翻结构·做标记

翻阅结构

拿到一本书之后，别着急读，先挑一两个章节看一看作者的写作结构。大部分的书都有以下这样的结构。

不同的排版形式，用于区分不同的内容性质：正文、引用的理论、列举的案例等，不同的内容，其字体形式不同。

附加总结、练习和思考：一些书会在每章最后有单独的总结部分，圈注全章重点；还有的书就像一本教材，加上练习思考题，甚至还有一些测评问卷。

搞清楚书的目录结构，有助于针对性地阅读和查找，快速找到要点。要是来不及细读,可以直接先看看最后的总结部分。如果觉得理论太抽象,就重点看看案例是如何阐释的。

直接在书上做标记

做笔记最快捷的方法就是直接在书上边看边写。你可以养成自己特定的标记习惯,为定义、模型、案例、工具做区分。我就喜欢用方括号把定义和概念标记出来,在方法论模型边上打五角星,在案例下画波浪线,在书的空白处直接写感受和想法。

Reflect——反思联结

读书笔记

在通览一本书后,如果你觉得很有用,值得深度学习,就可以着手做一份KWL学习笔记了。

自我设问

将书中的知识与自己的工作和生活场景做联结,反思差异和不足,重点问自己下面几个问题:

| 第8章　GREAT在多种场景下的应用 |

这个知识在我的工作和生活中可以被应用在哪些场景中？对我有什么帮助？我（我们）现在是如何做的？有哪些不同？为什么会出现差异？哪些方法可以改进？

Exchange——跨界交互

查看书评

查看相关的书摘、书评和笔记。网上有很多书摘、书评分享，特别是比较有知名度的书，有很多种形式的解读。可以在付费或合法的前提下，拿来主义。别人对这本书的看法，会给你提供更多的视角。

关联知识的发散

当你读一本书的时候，有没有与某个知识相关的其他知识能让你想起来。如果有，就顺手写下来；如果没有，就暂时空着，这不是必选动作。

Assimilate——吸收重构

用自己的语言重新提炼一下知识点，核心要点的文字罗列、一张思维导图、几个模型加重点圈注……都是可以的。

Transform——转化输出

看完一本书，立刻发个朋友圈，表达一下自己对这本书的感受和看法。如果你有在公众号发表文章的习惯，可以写一篇长点的文章，帮助自己加深认知。

场景 2　集体读一本书

现在的企业和组织，经常会要求员工一起读一本书。有的是行业内最新专业著作，有些是企业CEO自己读完后推荐给员工看的书……但这类读书任务布置下去，通常效果都不太理想，要么迟迟没有结果，大家置若罔闻；要么就是收上来的读书心得大同小异。

作为曾经在企业大学工作的人，我也深受这个问题的困扰。一次偶尔的机会，我利用GREAT深度学习法设计了一套适用于大家一起读书的流程，我将它称为GREAT撕享会。

第8章　GREAT在多种场景下的应用

这个流程可以在很短的时间内，让很多人一起读完、读透一本书。如果书不是很厚，半天就够了。读书者一会儿阅读，一会儿交流，一会儿写写，一会儿画画，一会儿又轮流听别人分享……全程高能，效果爆棚。**独阅乐，不如众阅乐。**

当然，在这个过程中我也融入了SAVI学习法的一些理念。戴夫·迈耶开创了一个加速学习的流派，在SAVI模型中，戴夫提到在学习中要调动多重感官进行学习，身体、听觉、视觉和智力都要全面参与，会让效果加倍。这个模型在调动学习者的积极性和参与感上给我带来了启发，我将其与GREAT深度学习法相结合，应用到了团队读书的活动上。

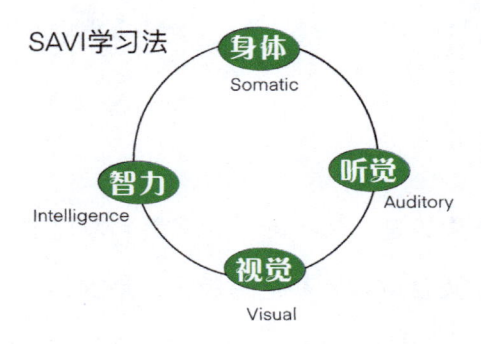

SAVI学习法

- 身体 Somatic
- 听觉 Auditory
- 视觉 Visual
- 智力 Intelligence

| 这么学习，GREAT！ |

Get——获取新知

分　组

假设全场有25人，一本书有5个核心章节。先把在场的读书者分成5组，每组5人（人数不均匀时4人或6人也可以）最佳。每组的组员共同读同一个章节。

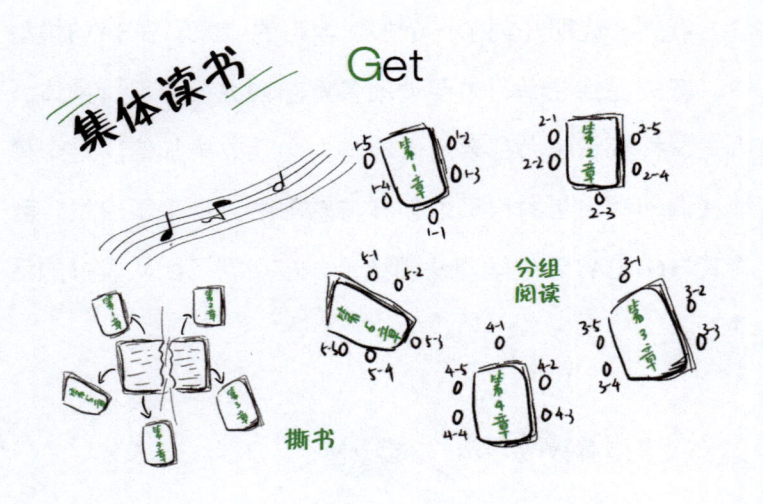

撕　书

比较有趣的是，为了降低大家看到厚厚的一本书时的心理压力，我会邀请大家把书撕了，是的，真的撕了。按照上述逻辑，全场有5本书就够用了（还比较省钱），这样

第8章　GREAT在多种场景下的应用

可以保证每个人手里都有一部分章节。每人阅读的章节内容尽量控制在40页以内。如果书的内容很多，则可以在保证小块内容尽量完整的前提下，把章节模块拆分得更细。

阅　读

接下来就是属于每个人的专注阅读时间了。配上一些舒缓优美的音乐和香气四溢的咖啡，为大家营造轻松愉悦的阅读气氛。大部分人在现代忙碌的节奏下鲜有专门的阅读时间，因此这个环节格外美好。不规定阅读的姿势，也不赶时间，允许阅读者自由地徜徉在文字中。通常来说，40分钟足以读完一章。

Reflect——反思联结

边读边摘记

每个人只阅读本组认领的章节，边读边摘录启发自己的句子、案例或观点。一个观点写在一张便利贴上，我非常鼓励大家在这个环节边写边画。

| 这么学习，GREAT! |

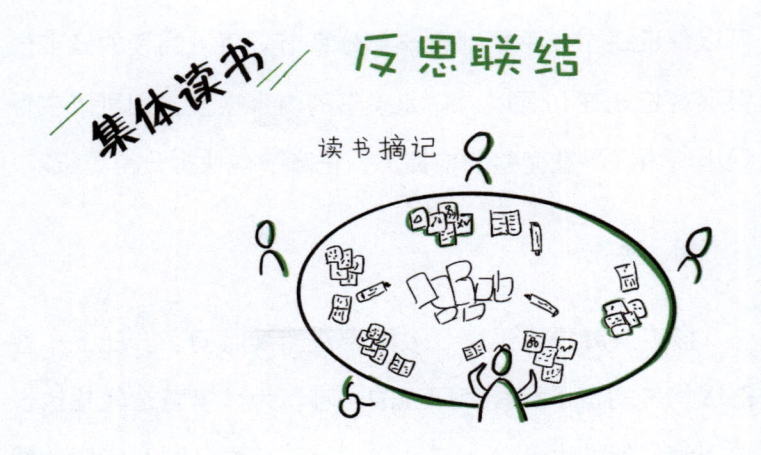

集体读书 **反思联结**

读书摘记

Exchange——跨界交互

小组内交流：40分钟后，每个人都基本读完了自己手里的部分。同小组的同学就可以一起交流心得了。每个人分享自己的笔记贴，并将相类似的观点和感受进行**同类整理**（这个方法在第5章介绍过）。不同的视角和心得在一起碰撞，小组成员一起将共同的和不同的摘记贴罗列出来，用集体的力量将这个章节的全部内容充分吸收。

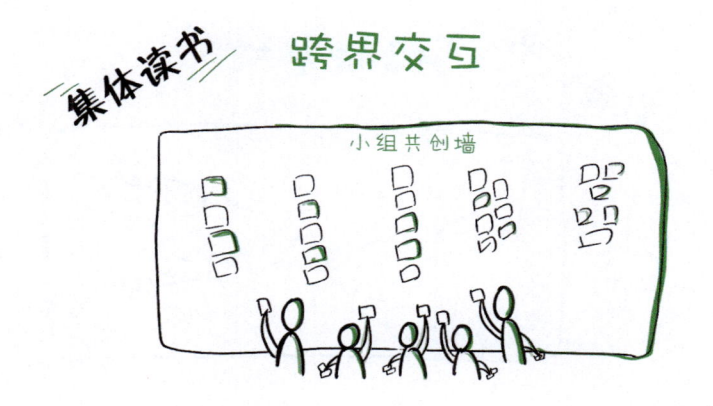

第8章 GREAT在多种场景下的应用

集体读书　跨界交互

小组共创墙

Assimilate——吸收重构

重构内容图谱：以小组为单位，重新整理本章的内容。使用一张大的海报纸，将所有的知识摘记根据小组成员的理解进行逻辑整合、加工，勾勒出一张知识全景图，并补充新的理解、感受和行动应用建议。

| 这么学习，GREAT! |

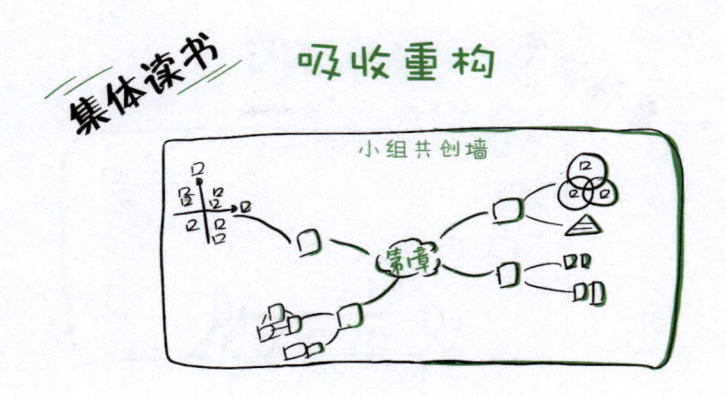

集体读书　**吸收重构**

小组共创墙

Transform——转化输出

转述分享：重新分组，新的小组里包含原来每个小组的一个或两个伙伴（尽量平均分配，不要过于集中），新的大组其实集齐了每个章节的阅读者。每个人都要代表原小组的智慧向其他新伙伴介绍读书心得。请注意，是每个人！没有小组代表，每个人都是独立负责。新的5个大组同时开始，逐个围绕5个章节的共创墙顺时针巡走，走到哪个章节的共创墙前，就由哪个原小组的代表站出来分享。很快，新的大组在逐轮分享中，全场的伙伴都对这本书的核心章节有了深刻的体会。一章是靠自己和小组成员的深度阅读和交流，另几章是靠其他伙伴的分享。

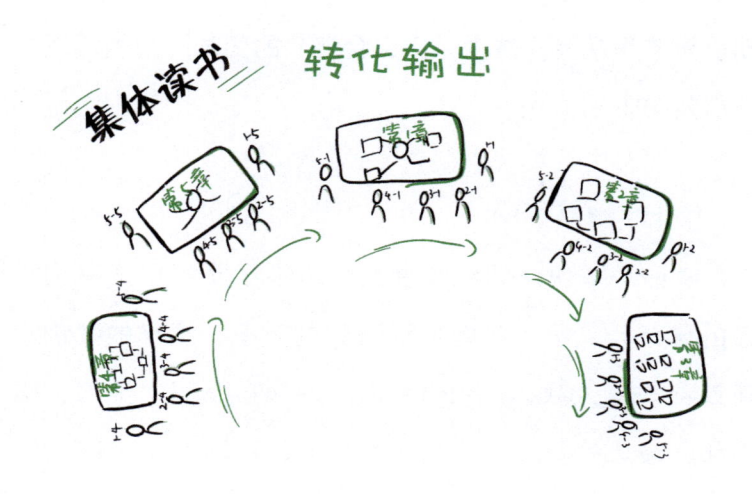

场景3　团队召开一次共创会

除固定的知识输入和学习外，在现代组织中，集体共创的工作坊模式也越来越受欢迎。一些没有现成外部答案可以借用，只能靠组织内部集思广益、寻找解决方案的话题，如如何优化一个现有的流程机制、如何实现一个产品的功能改进、如何推动一次变革的发生等，都可以使用集体共创的方法。用GREAT的流程辅以一些引导促动的技术，就会让这种讨论既充分又高效。下面我就以"**如何推**

动决策流程从简，减少'文山会海'的变革"为例讲述如何运用GREAT方法。

Get——获取新知

邀请一些伙伴到会议室集合，为了既能保证有足够多的思路和点子，又能保证研讨的效率，这样的共创会建议参与者人数为15~30人，最好来自不同的部门、岗位和层级。

背景信息收集：邀请伙伴们围圈分享目前组织里存在的现象和痛点，如**员工的时间消耗、组织效率的降低、形式主义的蔓延、官僚主义的滋长**等。不需要指定发言顺序，也不必强制某人发言。为了激发大家踊跃发言，可以用一个谈话球在成员之间彼此传递，一个人发言结束，就将谈话球传向另一个人。

第8章　GREAT在多种场景下的应用

团队共创会　获取新知　传球发言

Reflect——反思联结

将大家在上一轮分享的现象快速归纳为核心的几类（建议不超过6个）写在海报纸上，分布张贴在会议室的四周。邀请大家就像在画廊参观一样，随意走到某张海报纸前，谈谈造成这些现象的背后原因。将自己的想法直接用笔书写在海报纸上，如果前面已经有人写了，浏览者不想补充，可以直接略过，前往下一张。

| 这么学习，GREAT! |

团队共创会 *反思联结*

漫游画廊

Exchange——跨界交互

分组研讨：将已经得到的现象和原因平均分配给几个小组，让小组一起根据现象和原因找到解决方案。采用世界咖啡的形式，每组的组长不动，其余成员要逐轮参与各个主题的讨论，轮换着坐到不同的桌前研讨和补充，找到更多的解决方案。在这个环节，不用过于考虑方案的可行性、能不能实现等问题，只需要鼓励大家脑洞大开，充分交互和碰撞。

第8章 GREAT在多种场景下的应用

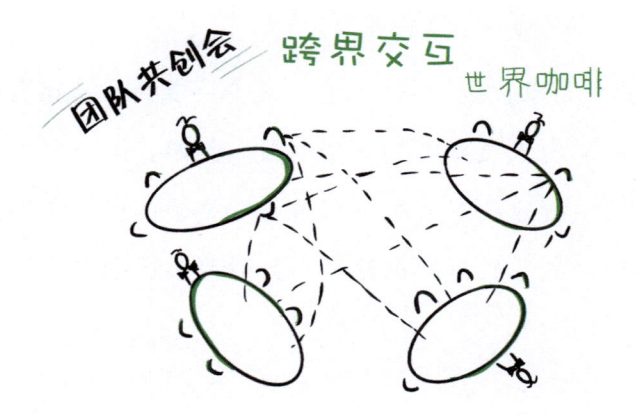

团队共创会 跨界交互 世界咖啡

Assimilate——吸收重构

论证筛选：各组将目前为止所有的结论和解决方案逐一进行论证和筛选，可以采用"实施性-影响性"矩阵，在每个领域挑选出最优先开展的3~5条行动计划。

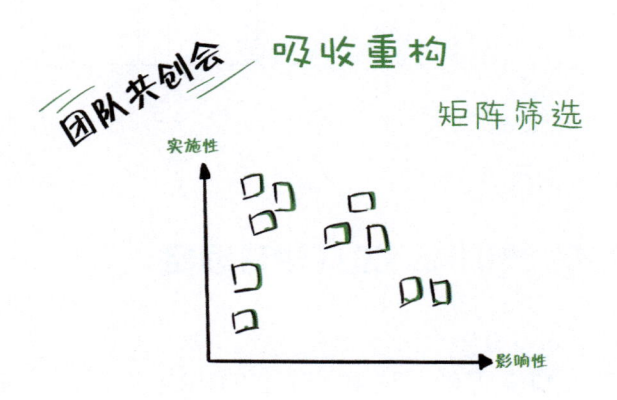

团队共创会 吸收重构 矩阵筛选

Transform——转化输出

具化行动： 现场重新分组，把与各类行动直接有关的部门或岗位人员集中到一个小组。例如，关于会议制度的修订由行政部的成员一起讨论；关于信息系统的搭建由IT部门的成员一起讨论……针对每条行动制订具体的实施计划。

团队共创会 / 转化输出

具化行动

行动	责任人	时间	输出物

场景4　培训部门设计学习项目

GREAT深度学习法对于企业的HR或培训部门在设计

第8章 GREAT在多种场景下的应用

组织一个学习项目（短则3天，长则3个月乃至一年）也同样是适用的。在学习项目设计的过程中，我还想提一下ARCS动机设计模型，这个模型对设计学习项目有很好的借鉴意义。该模型中认为，激发学习者的动机可以从引起学员的**兴趣和探究心**开始，从而调动**注意力**、提高学习与工作的**关联性**、增强学习者对未来**应用知识的信心**和营造**积极体验从而**提升学习者的**满意度**4个方面来设计。

ARCS动机设计模型

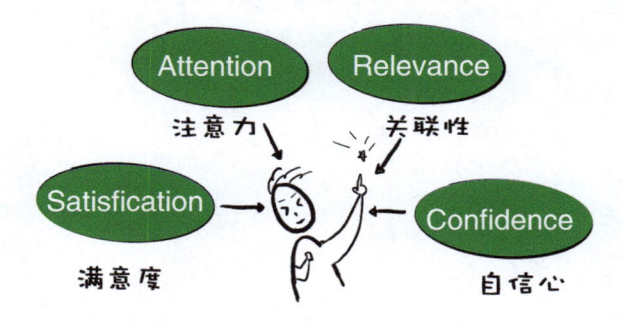

- Attention 注意力
- Relevance 关联性
- Confidence 自信心
- Satisfaction 满意度

我将GREAT的5个步骤和ARCS模型对应，用表格的形式梳理了在学习项目中的设计要点，如表8-1所示。

表 8–1　GREAT 的 5 个步骤和 ARCS 模型在学习项目中的设计要点

	注意力	关联性	满意度	自信心
Get 获取新知	提前进行预习或测评类活动	邀请学员吐槽，提出工作中的挑战和难点	对于简单的知识性内容，允许学员自学	请学员主动表达学习期待和目标
Reflect 反思联结	培训前设置测试，通关才能获得入学资格	从实际工作中挖掘场景进行练习	让学员自己分析差距和不足	让学员分析自己在相关知识领域的优势和强项
Exchange 跨界交互	采用 BINGO 类的活动，促进学员之间的联系	安排角色模拟活动，可以特意安排学员扮演非本职角色，跨界体验	请学员贡献内容和观点，将其最终整合到课程总结里	学员互相出题，互相考核
Assimilate 吸收重构	将学习的全过程以创意性的方式展示（H5 电子海报或知识看板）	学习后，让学员自己创建知识卡片	设置练习性的实践环节，重反馈纠正，轻考核评估	设计完整的练习环节，让学员感受到一次小成功
Transform 转化输出	学员一起制订训后计划，提出风险并应对	由学员自己设计需要应用的工具表单	为学员制作学习档案，回顾全程的成长和变化	定期分享和嘉奖优秀的学习成果

不管是线上的学习项目还是线下的学习项目，都可以采用GREAT的5个步骤来设计学习全流程。表8-1中的20个

| 第8章　GREAT在多种场景下的应用 |

策略不但符合GREAT路径，同时也能够在学习全程中提升学员的注意力、关联性、满意度和自信心。HR或者培训部门的伙伴，可以从中随意挑选几个策略进行组合，就可以设计出一套"引人入胜"的学习流程，让学习项目的效果倍增。

敲黑板

☆ 阅读一本书之前，用心研究一下书的目录和结构形式，可以更好地领会书作。看书不要太爱惜，直接在书上写写画画、做标记是书和作者的荣幸。

☆ 独阅乐，不如众阅乐。GREAT 撕享会可以轻松化解个人读书的时间压力，而且能够汲取更多读书者的智慧，帮助每个人都更深刻地理解书中内容。

☆ GREAT 同样适用于团队一起探讨问题和寻找解决方案，即使是一次没有固定答案的学习活动，也可以用这个学习方法帮助团队成员深度思考和讨论，得出切实的可行性解决方案。

☆ GREAT 深度学习法也可以帮助培训部门设计一个完整的学习项目，充分激发学习者的动机和意愿，让学员沉浸在每个学习环节中，更深度地习得。

结束语

成为GREAT的终身学习者

> 这是一个最坏的时代,也是一个最好的时代。
> ——狄更斯《双城记》

我常常庆幸自己正处于当下这个精彩的时代,不早也不晚。

早一点,我可能享受不到作为第一代独生子女而被家庭和学校倾注的资源与关爱;晚一点,我要和从小就被琴棋书画全面培养的90后、00后们激烈地竞争。

| 结束语 |

早一点，我可能安于学校的分配，留在一个相对安逸的城市与一家建工企业签订一眼望到退休的20年的劳动合同；晚一点，我可能没有勇气"裸辞"，一穷二白地跑来北京拼未来。

早一点，我会因为错过移动互联时代的崛起而隔岸兴叹；晚一点，我就没机会见证各种新兴技术和模式的从无到有，而误以为它们天然就存在……

怀揣着这份庆幸，我也如履薄冰，我时常问自己："今天有没有努力工作和生活？有没有学到新的东西？有没有和昨天的自己不同？有没有拥抱变化和不确定性？"我深知，**之前的"赶上"可能是因为"恰好生在对的时候"，而未来的赶上，只能靠持续的学习和更新，无他。**

20年前，我拿着建筑造价师的资格证从青岛来到北京，在完全没有培训经验的前提下，一头扎进了培训行业。好多人纳闷我当时的选择，我天真地说："如果做培训的话，我应该就可以理直气壮地在上班的时候看书、上网了，因为学习就是我的工作本身。"今天，我无比感恩能够从事"**学习，且与他人一起学习**"的工作。

| 这么学习，GREAT！ |

在这个快速变化和更新的时代，永远不变的就是变化本身。**学习，是以不变应万变的上上策**！让我们每个人都能成为GREAT的终身学习者：

在刻意或有意的时间里，获取有用或无用的新知；

在反思中，将新知与自己产生联结；

在知识的跨界和与他人的交互中拓展理解；

在勇敢的实践中，将各种已知重构，结晶出新的认知；

最后再将自己知道的转化输出，让更多人知道。

都说"预测未来的最好办法就是把它创造出来"。**如果我们不能创造看不见的未来，那就把握住看得见的自己。**无须焦虑，也不必追赶，我们只需要持续学习，带着最新的自己，等着被未来抵达。愿GREAT深度学习法为你带来学习的助力，享受学习带给你的力量和安全感。

在此，还要感谢很多人。感谢我的老东家京东，京东蓬勃的业态环境和快速发展的节奏为我提供了丰富的实践机会；感谢每个听我"第一次"课程的学员们，你们的包

| 结束语 |

容和认可给了我讲好每门课的勇气；感谢我的领导和同仁，你们"苛刻"的工作要求迫使我不断打破自己的边界；感谢我的客户和合作伙伴，你们"过分的"需求促使我想出了好多"没办法的办法"；感谢木杉同学，你缜密却又"无趣"的程序员思维与我天马行空的"大孔雀"特质"相爱相杀"，在和你一路的"斗争"中，你总是提醒我——世界上有很多与我完全不同的学习者；感谢我的女儿，让我在陪伴她认识世界的成长过程中，重新体悟了"人是如何学习的"奥秘。

参考文献

[1] 肯·布兰佳,斯宾塞·约翰逊. 一分钟经理人 [M]. 周晶,译. 海口:南海出版公司,2015.

[2] 古典. 跃迁:成为高手的技术[M]. 北京:中信出版集团,2017.

[3] 成甲. 好好学习[M]. 北京:中信出版集团,2017.

[4] 芭芭拉·奥克利. 学习之道[M]. 教育无边界字幕组,译. 北京:机械工业出版社,2016.

| 参考文献 |

[5] 丹尼尔·平克. 全新思维[M]. 高芳, 译. 杭州: 浙江人民出版社, 2013.

[6] 托马斯 M. 斯特纳. 练习心态[M]. 王正林, 译. 北京: 机械工业出版社, 2016.

[7] 丹尼尔·卡尼曼. 思考, 快与慢[M]. 胡晓姣, 李爱民, 何梦莹, 译. 北京: 中信出版集团, 2012.

[8] 斯蒂文·德·索萨, 狄安娜·雷纳. 未知[M]. 郭慧泉, 译. 北京: 北京联合出版公司, 2015.

[9] 约翰·梅迪纳. 让大脑自由[M]. 杨光, 冯立岩, 译. 杭州: 浙江人民出版社, 2015.

[10] 丹尼尔·科伊尔. 一万小时天才理论[M]. 杭州: 浙江人民出版社, 2015.

[11] 尤瓦尔·赫拉利. 人类简史[M]. 林俊宏, 译, 北京: 中信出版集团, 2017.

[12] 东尼·博赞. 超级记忆[M]. 卜煜婷, 译. 北京:

化学工业出版社，2015．

[13] 卡尔·纽波特．深度工作：如何有效使用每一点脑力[M]．宋伟，译．南昌：江西人民出版社，2017．

[14] 吴军．数学之美[M]．北京：人民邮电出版社，2020．

[15] 丹尼尔 L．施瓦茨．科学学习[M]．郭曼文，译．北京：机械工业出版社，2018．

[16] 乌尔里希·伯泽尔．有效学习[M]．张海龙，译．北京：中信出版集团，2018．

[17] 田志刚．卓越密码：如何成为专家[M]．北京：电子工业出版社，2018．

[18] 芬瑞得．学会学习[M]．明月，译．北京：电子工业出版社，2016．

[19] R．M．加涅，W．W．韦杰，K．C．戈勒斯，J．M．凯勒．教学设计原理[M]．王小明，庞维国，陈

保华，汪亚利，译．上海：华东师范大学出版社，2018．

[20] W．迪克，L．凯里．教学系统化设计[M]．汪琼，译．北京：高等教育出版社，2010．

[21] 帕拉布·耐度，赖美云．SPOT团队引导[M]．唐长军，郝君帅，张庆文，译．南京：江苏人民出版社，2014．

[22] 鲍勃·派克．重构学习体验[M]．孙波，庞涛，胡智丰，译．南京：江苏人民出版社，2015．

[23] 英格里德·本斯．引导：团队群策群力的实践指南[M]．任伟，译．北京：电子工业出版社，2016．

[24] 采铜．精进：如何成为一个很厉害的人[M]．南京：江苏凤凰文艺出版社，2019．

[25] 采铜．精进2：解锁万物的心智进化法[M]．南京：

江苏凤凰文艺出版社，2019.

[26] 约瑟夫·格雷尼，科里·帕特森等. 影响力大师[M]. 毕崇毅，译. 北京：机械工业出版社，2018.

[27] 安德斯·艾利克森，罗伯特·普尔. 刻意练习[M]. 王正林，译. 北京：机械工业出版社，2016.

反侵权盗版声明

电子工业出版社依法对本作品享有专有出版权。任何未经权利人书面许可,复制、销售或通过信息网络传播本作品的行为;歪曲、篡改、剽窃本作品的行为,均违反《中华人民共和国著作权法》,其行为人应承担相应的民事责任和行政责任,构成犯罪的,将被依法追究刑事责任。

为了维护市场秩序,保护权利人的合法权益,我社将依法查处和打击侵权盗版的单位和个人。欢迎社会各界人士积极举报侵权盗版行为,本社将奖励举报有功人员,并保证举报人的信息不被泄露。

举报电话:(010)88254396;(010)88258888
传　　真:(010)88254397
E-mail： dbqq@phei.com.cn
通信地址:北京市万寿路 173 信箱
　　　　　电子工业出版社总编办公室
邮　　编:100036